INVENTIONS et DÉCOUVERTES
au Moyen Âge dans le monde

Samuel SADAUNE

INVENTIONS et DÉCOUVERTES au Moyen Âge dans le monde

Pour Héloïse

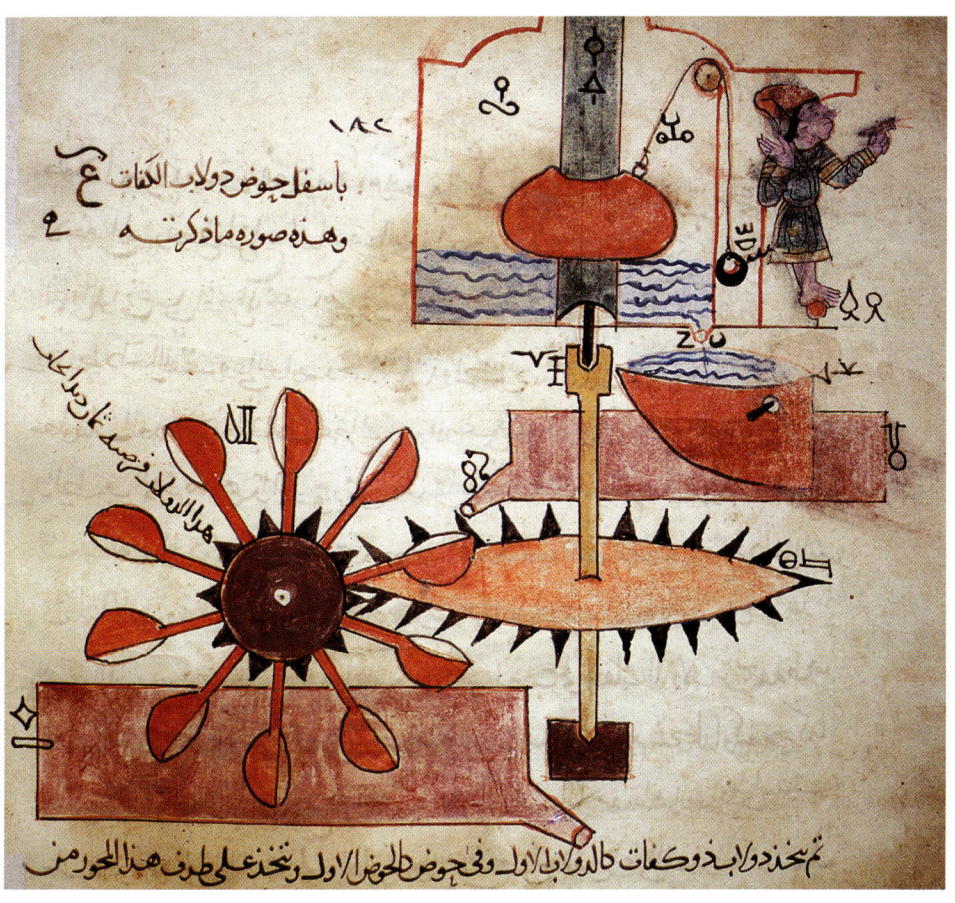

Editions OUEST-FRANCE

Introduction

Après avoir longtemps eu mauvaise presse, le Moyen Âge, plus fréquemment appelé « période médiévale », est à présent à la mode. Il n'en reste pas moins mal connu. On le résume aux romans de chevalerie, aux croisades, aux cisterciens et à l'art gothique. Ce sont, bien entendu, des éléments importants de cette époque, mais ils sont bien loin d'en révéler toute l'étendue.

La première difficulté concernant le Moyen Âge est de situer avec exactitude son commencement et sa fin. Dans les années 400-500, alors que l'ancien Empire romain n'en finissait pas de changer de pouvoir, le monde subissait une étonnante mutation. On a trop souvent présenté l'image caricaturale d'une chute terrible de la brillante civilisation romaine, suivie d'une période d'obscurantisme et de violence. On résume trop systématiquement ces premiers siècles du Moyen Âge à des noms de batailles et à des conquêtes sur le sol européen. Or, tandis que Clovis et Théodoric pacifient leurs royaumes franc et ostrogoth, l'Inde et la Chine vivent toutes deux un âge d'or sous les dynasties Gupta et Tang. Byzance, ancienne moitié orientale de l'Empire romain, sert de relais entre ces mondes, encore très éloignés, mais en voie de rapide rapprochement.

Des mondes éloignés, tant géographiquement que culturellement en apparence, et pourtant…

Loin d'être ignorants de l'état du monde, les hommes du Moyen Âge ne cessèrent de progresser très vite dans leur vision géographique et cartographique. Ils semblent avoir pressenti très tôt l'existence d'un cap au sud de l'Afrique. On sait que les Vikings abordèrent l'Amérique et une thèse récente considère que les Chinois accédèrent en Californie dès le début du XVe siècle. C'est surtout l'intérieur du continent africain qui demeure mystérieux pour les Occidentaux.
Cresques Abraham, *Atlas catalan*, 1375.
Bibliothèque nationale de France, Espagnol 30, fol. 3.

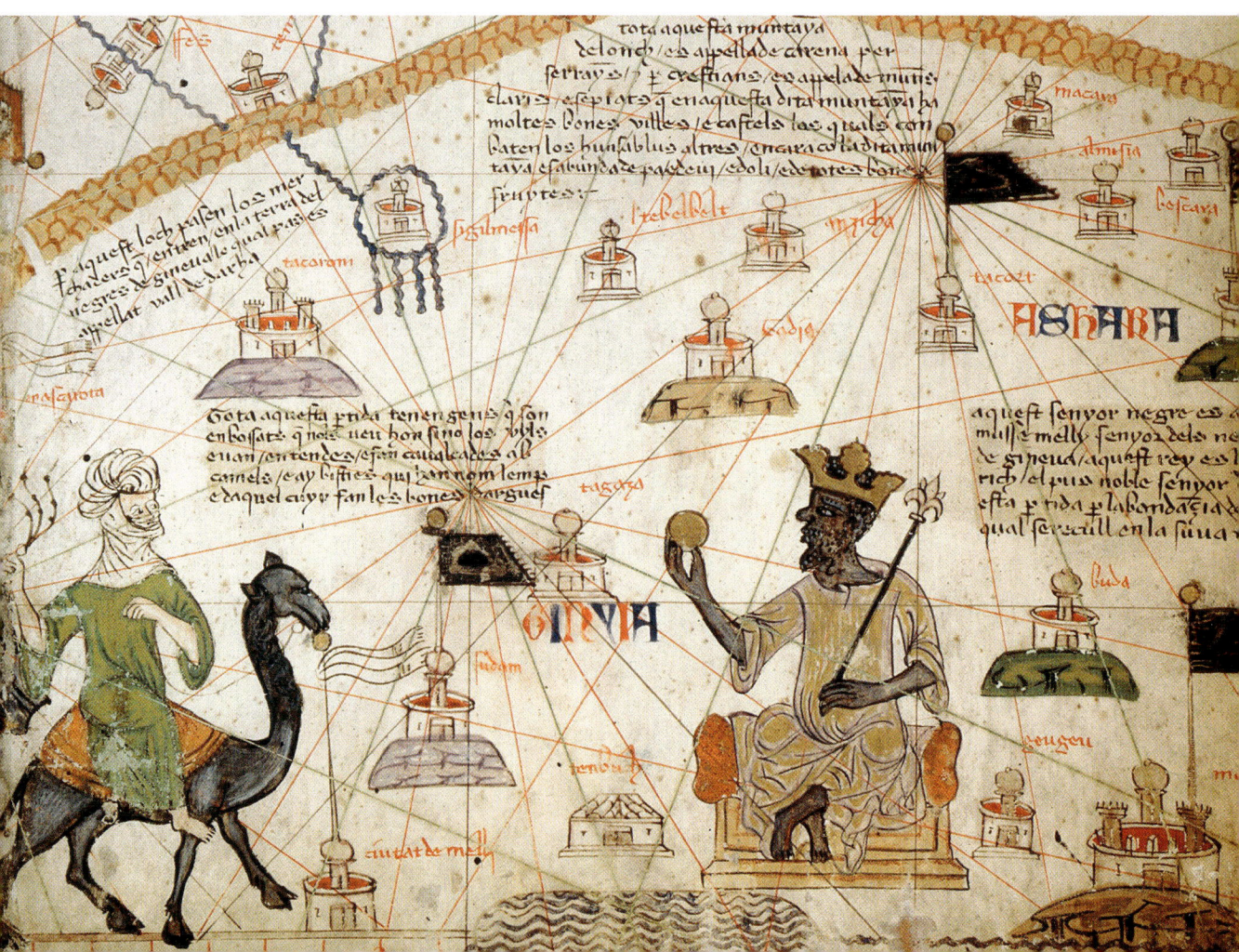

Dès le Ve siècle, on peut percevoir qu'Indiens, Chinois, Francs, Germains, Arabes, et même Mayas et Aztèques, empruntent des voies parallèles, avec simplement des rythmes, des philosophies, des conclusions variables. Tous ces peuples ont les regards tournés vers le Ciel, d'où tout proviendrait, dont tout dépendrait. Ils luttent contre les maux du corps ; ils utilisent les métaux, en font des alliages. Deux grandes tendances de ce « Moyen Âge » font rapidement jour, unifiant ainsi ces différents espaces culturels. Dans les

Richard de Wallingford, abbé de Saint-Albans. C'est probablement, avec Bacon, le plus important savant anglais du Moyen Âge. Il conçut une horloge astronomique, de nouvelles méthodes de calcul en trigonométrie et plusieurs instruments astronomiques (notamment l'« Albion ») permettant de mieux déterminer la position des planètes. Contrairement à une idée reçue, les hommes d'Église ne sont pas opposés à cette époque à la science : ils « sont » la science.
Richard of Wallingford, *Abbot of St. Albans*, 1330.
British Library. Photo akg-images.

années 400-500, un peu partout en Europe, les moines se lancent dans une entreprise à la fois de sauvetage de la culture du passé, mais aussi de collecte des informations du présent. Le règne de l'écrit se développe à un rythme jamais connu auparavant et le parchemin se répand dans toute l'Europe. Cette tendance à la fois à l'encyclopédisme et à la nouveauté des recherches, encore balbutiante durant l'Antiquité, est un phénomène avant tout monastique. En Chine et en Inde, où on est déjà en avance dans ce domaine, ce sont également des religieux qui se lancent dans ces tâches érudites ; avec un support plus avantageux, concernant les Chinois, qui disposent déjà du papier. Mais avec aussi une vue singulière quant au but de cette accumulation de savoir : ici, elle est d'abord destinée à l'empereur, à un nombre extrêmement réduit d'individus. Les progrès des techniques, des sciences, de la pensée sont une fin en soi. On n'est pas loin du principe de « l'art pour l'art ». En Occident, le besoin de diffuser au maximum les connaissances, de « s'industrialiser », est sans doute ce qui marque le plus le passage de l'Antiquité à la période médiévale : les moines, tout en se faisant concurrence, en recherchant le prestige, se prêtent les manuscrits, les informations, qu'ils recopient, permettant à un même texte d'avoir plusieurs exemplaires, plusieurs versions. À bien des égards, les abbayes bénédictines, irlandaises, puis, plus tard, cisterciennes, entre autres, précèdent les éditeurs modernes du XIXe siècle. À noter que les Mayas, durant ces siècles médiévaux, compilent aussi leurs connaissances.

L'autre grande tendance est celle de la mécanisation, remplaçant la main-d'œuvre humaine. Si le moulin est en soi à la fois le symbole et le principal instrument de ce changement de mentalité, l'horloge participe également à ce bouleversement. Là encore, il faut faire le distinguo entre la Chine et l'Occident. Les premiers moulins chinois sont à usage privé. L'horloge chinoise, elle, apparaît comme une sorte de prouesse technique qui n'a d'autre but justement que de montrer un savoir-faire. En Occident, les moulins à eau se multiplient dès les Ve-VIe siècles, et lorsque les premières horloges y seront diffusées *via* le monde arabe, on s'en servira pour rythmer la cadence de travail.

Le but de cet ouvrage est de démontrer que loin d'être une période de transition, se résumant à la formation lente de quelques États et à des transformations architecturales, le Moyen Âge est une période extraordinairement riche. Simplement, le terme de « renaissance » est ici à prendre dans son sens premier. Les progrès enregistrés par l'humanité au cours des premiers siècles de notre ère sont soit à retrouver (particulièrement les progrès techniques), soit à faire

circuler (de l'Asie à l'Occident). Dès le XIe siècle – et en cela les croisades ont sans doute joué un grand rôle –, le savoir des Chinois et des Arabes parvient en Occident (au même moment, les habitants du continent américain progressent également dans leurs différents domaines de recherche et de fabrication). Les voyages permettent désormais de faire reculer les frontières d'un monde : l'Afrique et l'Asie finissent par apparaître sous des contours de plus en plus précis sur les cartes. Par ailleurs, des esprits humanistes réfléchissent aux rapports entre la science, l'art et la société. Ils s'appellent Thomas d'Aquin, Nicolas Oresme ou Charles V.

Cette étude va donc se livrer à une triple recherche. Tout d'abord, nous rendrons hommage à ceux qui, le plus souvent, et ceci dès l'aube du Moyen Âge, sont les véritables inventeurs ou découvreurs : les Chinois et les Arabes* ; on essaiera aussi de placer des noms et des images sur ces hommes et sur leurs inventions.

Ensuite, nous observerons la manière dont ce progrès issu de l'Asie est également acquis par l'Europe. Chaque fois que ce sera possible, l'histoire d'une invention technique, d'un progrès scientifique sera suivie dans son « parcours » à travers les continents. L'astronomie, la médecine, les techniques agricoles ou de fabrication des livres en sont quelques exemples.

Enfin, nous nous intéresserons à des figures médiévales qui ont tenté, soit à partir d'une œuvre, soit à partir d'une idée, parfois d'une attitude, de faire avancer leur époque, de donner un sens à un monde souvent difficile. Aussi bien, donc, un philosophe complet comme Ibn Sina (Avicenne), qu'un voyageur hors norme comme Marco Polo ou qu'un concepteur moderne de l'éducation comme Charlemagne.

Ce livre ne se veut cependant pas une somme scientifique, réservé aux érudits. Il s'agit bien plutôt d'un parcours à travers des images, des représentations. C'est un livre témoin de la curiosité et de l'ingéniosité insatiables de l'humanité. La vision qu'on veut en laisser est celle d'un Moyen Âge certes divers, mais nullement disparate ; contrasté, mais en même temps n'ayant cessé de se constituer peu à peu en une société que chacun espérait voir devenir meilleure.

---

* J'utilise, comme d'ailleurs l'immense majorité des historiens occidentaux, ce terme générique pour désigner les habitants des régions longtemps unies sous une même foi et sous l'autorité des mêmes conquérants. Je m'efforce tout de même de faire apparaître la « nationalité » (terme qui n'a aucun sens à cette époque, on devrait plutôt dire la « régionalité ») des scientifiques et découvreurs d'Afrique du Nord et du Moyen-Orient.

Heinrich Suso (v. 1295-1366) a rédigé vers 1334 un dialogue, l'*Horologium Sapientiae* (l'*Horloge de Sagesse*), dans laquelle l'auteur utilise la métaphore du carillon d'une horloge pour attirer l'attention des hommes sur l'harmonie et la bonté céleste. Bien avant les philosophes du XVIIIe siècle, les savants médiévaux comparent l'organisation de la Création à une mécanique organisée. L'image ci-dessus, qui illustre ce manuscrit, représente Sagesse, au milieu de toutes sortes d'instruments de mesure du temps (de l'horloge à l'astrolabe), mais porteuse d'un livre, probablement sacré, dont la lecture organise encore le rythme des journées d'un religieux. Le temps religieux et le temps marchand, deux concepts qui vont, sinon s'affronter, du moins entrer en contradiction.

Henri Suso, *Horloge de Sapience*, vers 1334.

Bruxelles, Bibliothèque royale de Belgique, ms. de H. Suso. Photo Bibliothèque royale de Belgique.

L'arbre de la *connaissance*

L'arbre de la connaissance, Adam et Ève chassés du Paradis. Pour avoir touché à un de ses fruits, Ève sera chassée, avec Adam, du Paradis. Cette parabole biblique est probablement à l'origine de cette récurrence de l'arbre symbolisant le savoir.
L'Histoire ancienne jusqu'à César, 1430.
Bibliothèque municipale de Dijon, ms. 562, fol. 1. Photo IRHT.

Lier l'assemblage des différentes matières de la connaissance humaine (principalement les matières scientifiques) à l'image d'un arbre est déjà une habitude bien établie au Moyen Âge ; et qui continuera d'ailleurs durant de nombreux siècles, avec Francis Bacon, Descartes et le *Discours préliminaire* de l'*Encyclopédie* de Diderot et d'Alembert. Cette image, pour les penseurs médiévaux, a deux origines.

La première est d'ordre biblique : c'est la Genèse (2,9), qui cite dans le jardin de Dieu la présence de l'arbre de la connaissance du bien et du mal à côté de l'arbre de vie. On se souvient que, d'après la Bible, tous les problèmes des hommes (et encore plus des femmes) proviennent du fait qu'Adam mange un fruit de cet arbre. C'est ainsi qu'Adam perd son innocence, et en même temps sa foi aveugle en ce monde créé par Dieu : en quelque sorte, il réfléchit par lui-même. Ce n'est bien sûr pas exactement en ces termes qu'est relaté ce célèbre épisode dont les conséquences à tirer sont d'ailleurs multiples. Toutefois, au fur et à mesure de l'évolution des rapports entre l'Église et la science, ou plus précisément entre l'Église et les scientifiques, on verra émerger une dualité entre un principe de rationalité doublé d'une foi sincère et un principe basé sur une foi aveugle exigeant l'acceptation d'un monde tel qu'il apparaît et tel que le décrivent les textes sacrés.

L'idée de l'arbre, en tout cas, restera ; arbre parfois porteur de fruits, ou simplement de branches, en rapport avec les différentes matières de la science. Il n'est pas impossible que cet arbre à connotation biblique soit lui-même issu d'une autre image arboricole bien plus ancienne, dont l'origine remonterait à l'antiquité grecque. Dans le *Phèdre* de Platon, notamment, Socrate parle d'un chêne à Dodone d'où sortirent les premières divinations.

L'un des arbres des sciences les plus fameux du Moyen Âge figure dans un livre de Raymond Lulle, publié vers 1295, et intitulé *L'Arbre des sciences*. Cet arbre est le résultat d'une vie exemplaire au service de la foi et ce sont des hommes d'Église qui peuvent parvenir à le faire sortir de terre, à le faire fleurir. Il se nourrit en effet par l'intermédiaire de nombreuses racines, telles la Piété et la Sagesse, et porte des fruits tels que les Causes premières ou la Défense de la foi.

Fréquemment, l'iconographie universitaire reprend cette image de l'arbre de la science, chargé de rappeler

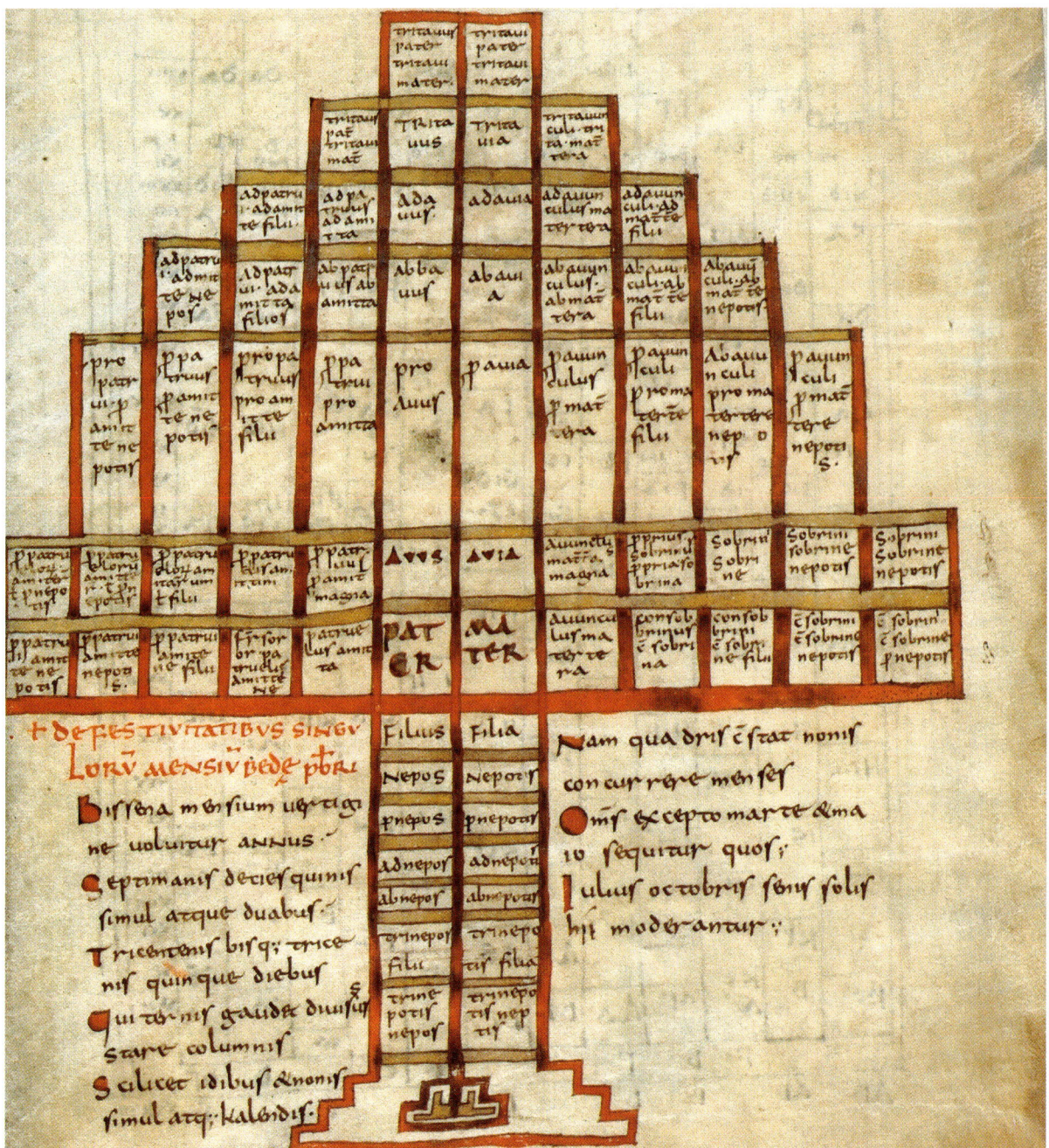

en outre les différentes disciplines délivrées par l'institution, essentiellement ecclésiastique dans ses origines. On notera toutefois que sur les racines de ces arbres est plutôt indiquée la philosophie. Sans doute celle-ci implique-t-elle de faire preuve de piété et de sagesse. Les branches inférieures sont les trois disciplines du trivium (la dialectique ou logique, la grammaire, la rhétorique) ; les branches supérieures sont les quatre disciplines du quadrivium : la géométrie, l'arithmétique, la musique et l'astrologie ou astronomie. Toutefois, il ne s'agit pas d'un arbre « laïc », notion totalement

L'arbre des sciences. Est-ce parce qu'il est dessiné dans un ouvrage de mathématiques qu'il figure ici sous des formes plus géométriques qu'arboricoles ?
Recueil d'astronomie et de comput, Xᵉ-XIᵉ siècle.
Bibliothèque municipale d'Angers, ms. 476, fol. 57. Photo IRHT.

inconnue en ces temps. Il peut d'ailleurs arriver que l'Église, perçue à la fois comme étant à l'origine et dispensatrice du savoir humain, soit représentée sur le devant de cette image universitaire sous les traits d'une femme porteuse d'une bible.

Les illustres prédécesseurs

Représentation des « trois Pères » de la Médecine : Hippocrate, Galien et Avicenne (Ibn Sina).
© Roland et Sabrina Michaud/Rapho.

Au Moyen Âge, les grandes références scientifiques et intellectuelles datent de l'Antiquité. Aristote et Platon, Galien et Ptolémée ont régné en maîtres, non seulement sur l'université occidentale, mais également sur le monde arabe. Encore aujourd'hui, d'ailleurs, on connaît mieux ces figures grecques et romaines que leurs successeurs médiévaux. Cela tient beaucoup au fait que, très souvent, des auteurs aussi prestigieux qu'Avicenne, Averroès, Bède le Vénérable ou Albert le Grand étaient en premier lieu des traducteurs et des commentateurs d'œuvres d'Hippocrate ou d'Aristote. Certaines des réflexions et découvertes de ces savants sont d'ailleurs à trouver en marge de ces traductions, selon un principe parfaitement établi au Moyen Âge (*cf.* chapitre sur l'édition au Moyen Âge). Toutefois, le fait de diffuser l'œuvre de ces prédécesseurs, de leur rendre hommage, n'empêchait nullement de les contester. Les progrès en médecine et en astronomie commencent souvent par une remise en cause de Galien ou de Ptolémée. Pour comprendre dans quel univers d'idées baignaient tous ces savants, il est donc important de rappeler dans leurs grandes lignes quelles étaient les théories de ces personnalités dominantes de l'Antiquité.

Une grande question perdure, vers laquelle se tournent bien des chercheurs : ces prédécesseurs le furent-ils également pour les Indiens et les Chinois ? Y eut-il déjà des échanges entre ces différentes cultures ?

On sait aujourd'hui que l'Inde, *via* l'Iran et Byzance, connut très tôt les travaux du mathématicien grec Euclide. Est-il possible *a contrario* que ce dernier ait eu vent des travaux des savants indiens ? La Chine, qui a très tôt échangé avec l'Inde, a-t-elle participé à un « courant d'idées » ? On voit qu'établir une chronologie précise, un ordre précis des découvertes reste chose complexe.

Hippocrate (v. 460-v. 377 av. J.-C.) est probablement le médecin le plus célèbre de tous les temps, au point qu'on a fini par lui attribuer un immense corpus d'une soixantaine d'ouvrages, dont une partie, en réalité, doit avoir été rédigée par des disciples. Il a en tout cas certainement lancé la série des traités intitulés « Épidémies », essentiellement constitués par des notes sur des malades : de véritables fiches individuelles qui permettent de suivre l'évolution du mal chez un patient et d'en tirer des conclusions. Pour Hippocrate et ses disciples, le corps humain s'organise autour de quatre liquides, appelés aussi « humeurs » : le sang (liquide chaud), le phlegme (liquide froid), la bile noire (liquide sec) et la bile jaune (liquide humide). C'est sur les rapports entre ces différentes humeurs qui forment l'organisme que sont envisagés le diagnostic de la maladie et le remède pour la soigner. Mais le corps dépend aussi d'éléments extérieurs : le climat ou les produits absorbés par l'estomac. Or, ceux-ci sont également catalogués en aliments chauds, froids, secs et humides. Cette même répartition intervient dans la catégorisation des individus : ils peuvent être de tempéraments froids (phlegmatiques) ou chauds (tempérament bilieux, terme qui reste de nos jours pour parler de quelqu'un d'extrêmement nerveux et soucieux). Une fois que le médecin hippocratique a pu établir un diagnostic complet de l'état et du tempérament du malade à partir de cet ensemble, il réfléchit à un moyen de combattre cette maladie. La méthode est allopathique, c'est-à-dire qu'elle met en présence des « contraires » : il faut un médicament contraire à l'humeur qui a pris du pouvoir sur les autres, afin de rétablir l'équilibre.

Platon (v. 427-v. 347 av. J.-C.). Son œuvre philosophique est constituée d'une trentaine de dialogues qui mettent en scène son maître Socrate face à des contradicteurs qu'il s'efforce de convaincre (en général triomphalement) du bien-fondé de ses dires. Par la voix de Socrate, c'est souvent ses propres théories que Platon cherche à faire passer*. Notamment celle des Idées. Il s'agit de représentations du Juste, du Beau et du Bien, que tous nous connaissons puisque notre âme, qui est immortelle mais qui emprunte d'autres enveloppes terrestres, les a vues. Nous en avons donc une connaissance brouillée que nous devons nous efforcer d'éclaircir notre vie durant. Pour cela, encore faut-il explorer le monde qui nous entoure, savoir comment il s'est formé. C'est le thème du *Timée*, l'un des plus célèbres écrits de Platon au Moyen Âge. À partir de sa propre connaissance des Idées, qui sont distinctes de lui, un dieu crée un monde sensible, le nôtre, ainsi que le temps. Il fait ainsi passer le monde du désordre à l'ordre. Le *Timée* met en scène toute une mythologie d'autres divinités au service du Dieu suprême, qui créent alors des animaux, dont les hommes. Platon nous montre un homme qui est une sorte d'univers en réduction, avec les mêmes lois. Ainsi, les quatre éléments (la terre, l'air, l'eau, le feu), qui ont servi à construire le monde, servent également pour les sensations (l'odeur vient de l'eau, couleurs du feu, les sons de l'air) et pour l'homme (l'exemple le plus marquant : le feu qui va servir à fabriquer les yeux porteurs de lumière).

Aristote (v. 384-v. 322 av. J.-C.). C'est l'homme qui a le plus influencé le Moyen Âge, tout particulièrement au XIIIᵉ siècle s'agissant de l'Occident. D'abord précepteur d'Alexandre le Grand, fondateur à Athènes du Lycée, il a écrit un nombre considérable d'ouvrages dont une bonne quarantaine nous sont parvenus. Son succès vient en grande partie du fait de l'extraordinaire variété de ses écrits : traités de logique (il est le fondateur de la logique formelle), de politique, de biologie, de physique, de métaphysique, d'éthique et d'esthétique. Il a donc touché à tous les genres, s'est intéressé à tous les sujets et a su concevoir une description précise de l'univers, plus scientifique que celle de Platon, basée sur un système de sphères concentriques, en mouvement perpétuel autour de la Terre, lieu des corps composés. Aristote reprend à son compte la théorie des quatre éléments, dont le mélange joue non seulement sur le corps humain, mais sur tous les corps vivants ou non. Force est de reconnaître que l'écriture d'Aristote est souvent plus ardue (parfois même

Aristote est l'auteur grec le plus traduit au Moyen Âge. Il a tenté d'expliquer l'ensemble du monde, tant s'agissant des sciences naturelles que de l'étude de notre âme ou du ciel.
Aristoteles, Galterius Burlaeus (commentateur), Comment. In *Aristotelis Physicam*, 1424.
Bibliothèque municipale d'Aix-en-Provence, ms. 1537, fol. 1. Photo IRHT.

plus aride) que celle de son « concurrent ». D'où, notamment, les nombreuses difficultés d'interprétation d'un traité comme *De l'âme* par exemple, qui seront à l'origine de terribles controverses entre différentes figures de la pensée médiévale.

* Rappelons que Socrate n'a laissé aucun écrit. Ce que nous savons de lui provient des témoignages de trois de ses contemporains, dont Platon.

Ci-dessus.
Ptolémée, qui a vécu au IIᵉ siècle de notre ère, connaissait déjà les principes de l'équateur, des tropiques, des méridiens et des parallèles. Il savait également que notre terre est sphérique.
Claude Ptolémée, *Géographie*. Copie du XVᵉ siècle.
Bibliothèque nationale de France, ms. grec 1401, fol. 2.

Ci-dessous.
Ptolémée est surtout connu pour ses représentations du monde (on dirait aujourd'hui : de l'univers). Cette carte ci-dessous est une « reprise » du XVᵉ siècle, s'appuyant sur la réédition d'un de ses plus célèbres écrits : la *Cosmographie*.
Cosmographie de Ptolémée, XVᵉ siècle.
Bibliothèque nationale de Naples, ms. V. F. 32, fol. 71 v°. - 72 r.
Photo akg-images/Nimatallah.

Pline l'Ancien (23-79). Il est l'auteur d'une monumentale *Histoire naturelle* de trente-sept volumes résumant toutes les connaissances de son temps dans les sciences et dans les arts. Les troisième, quatrième, cinquième et sixième livres sont consacrés à la géographie. Mais ce sont surtout ses propres observations sur les sciences naturelles qui l'ont rendu célèbre et qui seront un objet de référence durant tout le Moyen Âge (en fait, il faudra attendre Buffon au XVIIIᵉ siècle pour le détrôner). Il est mort lors de l'éruption du Vésuve, en voulant observer de près ce phénomène.

Claude Ptolémée (v. 100-170) est un astronome, un géographe et un mathématicien grec. Auteur d'une *Grande Syntaxe mathématique* (ou *Almageste*), vaste compilation des connaissances mathématiques des Anciens, et d'une *Géographie* qui ont fait autorité jusqu'à la Renaissance. Il imaginait la Terre fixe au centre

de l'Univers et il a développé un système cosmologique ingénieux apte à rendre compte des mouvements astronomiques observés à son époque par une combinaison de mouvements circulaires. Par ailleurs, la situation des villes, relevée en longitude et en latitude, reposait pour la première fois sur une base mathématique.

Claude Galien (v. 131-v. 201). Cet autre grand médecin grec, après Hippocrate, a laissé derrière lui une œuvre monumentale. Il a beaucoup écrit, notamment sur l'anatomie, et c'est à lui que longtemps les médecins et les chirurgiens médiévaux se référeront, faute de faire des recherches eux-mêmes dans ce domaine. Galien a repris les thèmes hippocratiques des quatre caractères. À cela, il ajoute la distinction entre les nerfs du sentiment et ceux du mouvement, les forces vitales, animales et naturelles. Par ailleurs, il a apporté du nouveau sur l'inflammation, les hémorragies, les fièvres intermittentes.

L'école d'Alexandrie, fondée en 331 av. J.-C. par Alexandre le Grand, devait, selon son vœu, devenir la métropole du savoir universel. L'un des généraux et

Galien esr à la fois un continuateur et un contradicteur d'Hippocrate. Auteur du plus important corpus de l'Antiquité que nous possédions (tous genres confondus), il fut traduit et commenté tout au long du Moyen Âge et même jusqu'au XVIIe siècle. L'importance donnée à ses écrits provient notamment du fait que longtemps on n'a pu, durant l'ère médiévale, procéder à la dissection des corps humains. On se reportait donc au savoir de Galien qui, lui, n'avait pas subi cet interdit.
Lapidaire, vers 1400.
Bibliothèque municipale d'Angers, ms. 478, fol. p. 32. Photo IRHT.

successeurs d'Alexandre, Ptolémée Ier, fit du port égyptien le centre artistique et littéraire de l'Orient, en faisant notamment bâtir la fameuse bibliothèque. Elle aurait abrité quelque 500 000 documents venus du monde entier et serait aussi devenue un centre de recherche pour toutes les sciences : littérature, médecine, mathématiques, astrologie, astronomie, physique. Sa destruction (peut-être par les Romains) comme son emplacement exact restent une énigme. Alexandrie devint également de ce fait le lieu de formation de futurs médecins de grand prestige, tel Galien.

Vᵉ-VIIIᵉ SIÈCLE

L'ÈRE DES GRANDES MUTATIONS :
mouvements de peuples, changements de civilisations

Au moment où les moines, tant bénédictins que bouddhistes, se lancent dans l'écriture des sciences et les réalisations mécaniques, leurs églises et leurs temples paraissent souvent des îlots au milieu d'océans tourmentés. De nombreuses migrations ont lieu, au plan mondial. Les progrès de l'histoire démographique ne permettent pas encore d'assurer qu'il y ait eu une croissance de la population mondiale en Asie, mais on peut se questionner à ce sujet. Même chose s'agissant de l'évolution climatique, qui a certainement poussé des populations à changer d'espace. Toujours est-il qu'au même moment, vers la fin du IVᵉ siècle, tant en Occident qu'en Extrême-Orient, ont lieu des migrations importantes de populations qui vont bouleverser à jamais la donne dans ces contrées. En Chine, la période glorieuse de l'empire des Han (23-220 apr. J.-C.) fait place à une ère troublée durant laquelle le territoire se morcelle en plusieurs royaumes, tandis que six dynasties s'affrontent pour le pouvoir. L'arrivée des Mongols et des Turcs va transformer en partie le visage de l'ancienne civilisation chinoise. Ces envahisseurs vont également porter un coup fatal aux différentes dynasties indiennes déjà mises à mal par l'oscilliation constante entre des périodes de pouvoir centralisé et d'affrontements entre royaumes qui profitent du morcellement de l'Empire gupta.

Il y a donc une certaine similitude avec ce qui arrive en Occident : la chute progressive du vieil Empire romain, dans lequel s'intègrent au départ les « Barbares » venus de l'est, certains devenant des cadres de l'autorité romaine. Par la suite, l'empire se morcelle et plusieurs royaumes – ostrogoths, wisigoths, francs – se créent et s'affrontent.

Malheureusement l'Inde, si florissante sous les Gupta, aura beaucoup de mal à se remettre de cette période, tandis qu'au contraire la Chine connaîtra un nouvel âge d'or avec la dynastie Tang. Le règne de Charlemagne, l'essor du monachisme, notamment irlandais, et la brusque poussée de la civilisation arabe vont permettre à l'ancien monde occidento-méditerranéen d'échapper au souvenir pesant de l'Empire romain et d'adopter un nouveau visage.

Les Indiens : *un peuple d'inventeurs*

Le règne de la dynastie des Gupta en Inde (de 320 à 550) représente un grand moment de l'histoire de ce pays. L'Inde, souvent divisée entre la partie nord, proche des ensembles montagneux, et la partie sud, péninsulaire, est cette fois-ci sous la domination d'un seul maître qui règne sur un empire au nord et au centre et assure sa suzeraineté sur le reste du territoire. La civilisation de cet empire brille d'un éclat qui attire les voyageurs chinois et arabes. La peinture, la poésie, la musique et le théâtre s'épanouissent. Des statuaires gigantesques et des temples creusés dans le roc émergent. Des philosophes portent le bouddhisme à son point culminant.

L'astronomie et les mathématiques

La science bénéficie également de cette période faste, même si les mathématiques et l'astronomie semblent avoir toujours suscité l'intérêt des Indiens. Sous les Gupta, sans doute par le biais de la Perse, l'Inde est au courant des travaux grecs et ses astronomes ne cessent de travailler sur le calendrier : ils observent les astres et les mouvements célestes, ils s'efforcent de prévoir les éclipses. À cette époque (IVᵉ-VIᵉ siècle), c'est probablement en Inde que les mathématiques connaissent les plus importantes innovations, notamment avec l'invention des neufs signes ou chiffres indiens, qui deviendront les chiffres arabes : 9, 8, 7, 6, 5, 4, 3, 2, 1. Auparavant, les opérations étaient effectuées sur une tablette recouverte de sable ou de poussière, en effaçant au fur et à mesure les résultats intermédiaires. Grâce à ces neuf signes, les Indiens peuvent exposer tous leurs nombres, mettre sur table leurs multiplications et leurs divisions.

Au VIIᵉ siècle, Brahmagupta, peut-être le plus grand mathématicien qu'ait connu l'Inde, crée un dixième signe. C'est le « vide » (*sunya* en indien) qui deviendra le zéro. Il parvient également à calculer la valeur de *pi* (mais c'est sans doute le Chinois Tsou Tch'ong-Tche qui l'a calculé le premier au Vᵉ siècle, la mentionnant dans un ouvrage

Les empereurs Gupta ont permis à l'Inde un nouvel essor : désormais, non seulement les régions du Nord sont unifiées, mais l'empire exerce une forte influence sur le sud de la péninsule.
Bibliothèque nationale de France, Indien 880, fol. 17.

Les fameux « chiffres arabes » furent au départ des chiffres indiens. Vers le ve siècle de notre ère, les hommes réalisèrent le passage du comptage direct (entailles sur des objets, bouliers, marques du corps) à la numération écrite. D'où notamment la nécessité de remplir les places vides et d'inventer le zéro.
© Roland et Sabrina Michaud/Rapho.

curieusement intitulé *Technique de couture Tchouai chou*). Comme beaucoup de mathématiciens, Brahmagupta s'occupe d'astronomie, dirigeant même un observatoire.

Outre les chiffres, les Indiens ont apporté aux mathématiques le sinus, pour les calculs trigonométriques, c'est-à-dire le calcul des fonctions circulaires des angles et des arcs et, à partir de là, le mouvement des planètes, leur rotation, par rapport à la Terre par exemple. Le sinus se substitue à la corde d'arc, seule utilisée par Ptolémée.

La musique et la médecine

Dans le domaine musical, les Indiens créent la *vina*, une harpe arquée avec un manche en bambou et des cordes métalliques et, surtout, les *tabla*, des petits tambours doubles qui restent à jamais reliés à la musique indienne.

L'Inde apporte également des nouveautés dans le domaine de la médecine. La pharmacopée indienne est importante et variée. Les chirurgiens, eux, pratiquant la greffe de tissus humains sont capables de réparer des mutilations ou autres blessures du visage. Ils peuvent extraire les calculs, inciser des abcès, amputer des membres.

À droite.
La musique est un élément essentiel de la culture indienne : c'est une science mathématique, un art créatif, un art de vivre. De nombreux instruments à corde apparaissent très tôt au cours de l'âge d'or des Gupta. Ici, représentation de Narada, le messager jouant de la vina.
Détail d'une peinture murale du XVIe siècle du palais de Mattanchery, Kerala (Cochin).
© Roland et Sabrina Michaud/Rapho.

L'invention des jeux d'échecs et de cartes

Douée pour les calculs, il n'est pas étonnant que la civilisation indienne ait inventé de nombreux jeux de cartes, mais aussi les échecs. Ce jeu, qui s'apparente également à la stratégie militaire, correspond parfaitement aux mœurs d'un pays qui fait la guerre à partir de règles précises jamais dérogées, avec le roi qui se place au centre en compagnie de son Premier ministre, les fantassins en première ligne, les cavaliers, les éléphants et les chars sur les côtés. Il y a sans doute également des significations cosmologiques dans le dispositif des échecs, l'échiquier étant en quelque sorte une représentation du monde. Le *chaturanga* (jeu d'échecs en indien) est sans doute introduit en Iran sous le règne de Khosrô Ier le Grand au VIe siècle.

À gauche.
Présentation au roi sassanide Chosroès, qui régna sur l'Iran de 531 à 579, du jeu d'échecs par deux envoyés du roi de l'Inde. C'est l'épisode légendaire expliquant l'introduction du jeu indien en Iran.
Abû al-Qâsim Firdawsî de Tûs, *Shâh-nâma* (*Le livre des rois*), copie de 1604.
Bibliothèque nationale de France, Supplément persan 490, fol. 378 v°.

Ci-dessous.
Pièce de jeu d'échecs en ivoire, datant du IXe-Xe siècle. Il s'agit d'un cavalier et cette pièce est certainement soit d'origine arabe, soit copiée sur un modèle arabe.
Paris, musée national du Moyen Âge – Thermes de Cluny. Photo RMN.

À droite.
Cet objet d'ivoire indien, datant du IXe ou Xe siècle, représentant un roi sur un éléphant, a longtemps fait songer à une pièce d'échecs. Retrouvé dans le trésor de l'abbaye de Saint-Denis, on a pu penser qu'il serait arrivé à la cour de Charlemagne *via* l'Orient. On estime aujourd'hui qu'il s'agit d'un objet purement décoratif.
Bibliothèque nationale de France, Monnaies, Médailles et Antique (Méd. 311).

Par la suite, le *chaturanga* franchit le Karakorum et traverse le Cachemire pour arriver jusqu'en Chine. Parallèlement, il gagne le monde arabe. Comme bien d'autres inventions, c'est *via* l'Espagne, mi-arabe mi-occidentale que, vers l'an mil, les échecs arrivent en Europe.

Quant au jeu de cartes, il est difficile de dire à quel moment l'Inde a commencé à le pratiquer. Les Indiens jouent au *dasavatara*, un jeu de cent vingt cartes, rondes et de tailles diverses, faites à partir de papier mâché. Il semble que ce soit au VIIᵉ siècle, à peu près à l'époque où ils inventaient le papier-monnaie, que les Chinois ont également connu les cartes : notamment le « mille fois dix mille cartes », composé de séries de « neuf lames » et de « trois atouts », ce qui n'est pas sans faire penser au tarot. Après avoir été introduites dans le monde arabe, les cartes arrivent vers la moitié du XIVᵉ siècle en Italie, puis en France.

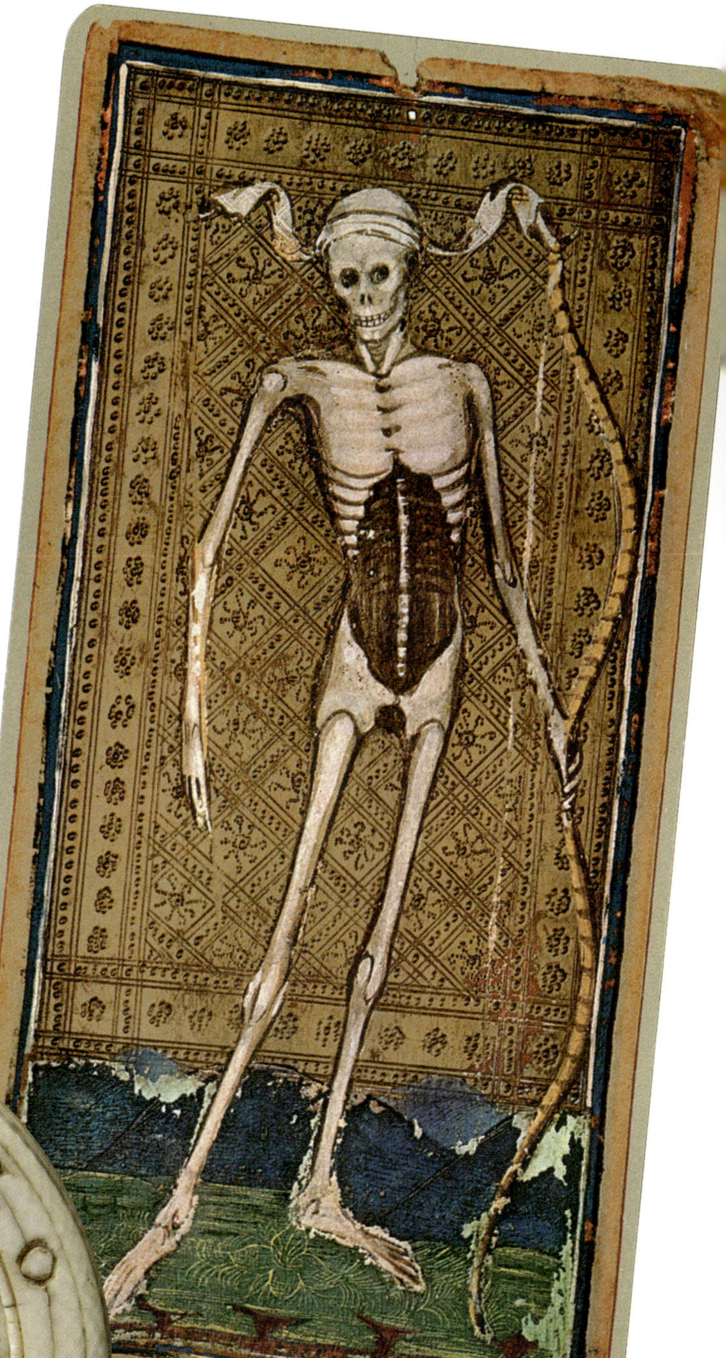

À droite.
Arrivées en Europe au cours du XIIIᵉ siècle, les cartes, et notamment le jeu de tarot, firent rapidement fureur. Suite au mariage de Louis d'Orléans, frère de Charles VI, avec une princesse Visconti, les cartes firent leur apparition à la cour du roi de France. Charles VII, Jeanne d'Arc, les compagnons de celle-ci, seront représentés parmi les figures. Ici, la Mort représentée en Tarot.
Bonifazio Bembo, carte d'un jeu de tarot, 1450.
Photo akg-images.

À gauche.
Le trictrac fut un jeu à la mode dans les cours occidentales. Chaque pion pouvait devenir l'objet d'une sculpture raffinée.
Cette pièce du XIIᵉ siècle représente Judith et la tête d'Holopherne.
Paris, musée du Louvre. Photo RMN/Jean-Gilles Berizzi.

Les grandes découvertes chinoises :
l'âge d'or des Tang

Li Yuan, ancien fonctionnaire de la dynastie déchue Sui, est le fondateur de la dynastie Tang (VIIe siècle). Son fils Li Shimin est le plus important représentant de cette période dynastique considérée comme le deuxième âge d'or de la Chine (après la période Han). Parler de son règne, c'est faire la démonstration que, dans une histoire des sciences, l'apport politique peut être primordial : on peut parler d'un mécénat ou d'une gestion de la science comme pour l'art. S'agissant de la Chine, où les savants réalisent leurs inventions à l'intention particulière du Palais, et non pas pour en faire bénéficier toute la communauté, la personnalité du souverain s'avère d'autant plus décisive.

Pendant les vingt années de son règne, Li Shimin annexe le Tibet ; il centralise la gestion de son vaste domaine, organise plusieurs réformes agraires, assure de bonnes relations politiques, commerciales et culturelles avec l'Inde et l'Iran et même l'Empire byzantin. Il crée une université à Changan (près de l'actuelle Xi'an), où il réside, et qui va devenir la ville la plus rayonnante de l'Asie, tant par ses atouts architecturaux (telle la création du premier pont voûté en maçonnerie) que par les réalisations culturelles et scientifiques qui s'y développent.

Peinture chinoise de la dynastie Tang représentant une caravane sur la route de la Soie. Dessin à l'encre, 618.
Photo akg-images/Werner Forman.

Les Chinois explorent l'Inde

Lorsque les Tang prennent le pouvoir au VIIe siècle, la Chine a déjà de nombreuses relations avec son puissant voisin et plusieurs moines ont eu l'occasion d'explorer l'Inde durant les siècles précédents. À la fin du IVe siècle, un moine chinois, du nom de Fa-Hian, entreprend une exploration des pays situés à l'ouest de la Chine, sans doute dans le but de découvrir toutes les merveilles créées par Bouddha, de visiter des monastères et de consulter des ouvrages. Fa-Hian, accompagné de quelques moines, franchit plusieurs chaînes de montagnes et dépasse la Grande Muraille. Ils traversent le fleuve Cha-ho et atteignent, après dix-sept jours de marche, le lac de Lobe, dans le Turkestan chinois.

Puis, la petite caravane arrive en Tartarie, dans le royaume de Khotan. Ils peuvent assister à la Procession des Images, grande fête bouddhiste pendant laquelle on promène les images des dieux sur un char orné. Quelques mois plus tard, nos voyageurs se retrouvent plus au sud, dans un pays qui forme le Balistan actuel, pays froid et montagneux. Fa-Hian passe alors dans la partie orientale de l'Afghanistan et il ne lui faut pas moins d'un mois pour traverser des montagnes, au milieu desquelles, dans les neiges perpétuelles, il signale la présence de dragons venimeux. Comme tous les voyageurs qui le précèdent et qui lui succéderont, Fa-Hian ne peut s'empêcher de faire part, dans son compte rendu, des différentes

Ci-dessus.
Xuan Zang restera en Inde durant treize ans, sous la dynastie Tang.
Gravure sur bois, VIIe siècle.
© Roland et Sabrina Michaud/Rapho.

À gauche.
Loin d'être repliée sur elle-même, la Chine envoie de multiples voyageurs vers l'est, notamment en Inde. Ces objets en terre cuite de l'époque Tang représentent un chameau (véhicule indispensable pour ces expéditions) chargé de marchandises et un palefrenier.
Terre cuite, époque Tang (618-907).
Musée Cernuschi. Photo Dagli Orti.

croyances et légendes : pour expliquer des phéno- mènes incompréhensibles pour lui ou pour satisfaire les goûts du public ? Bientôt, les voyageurs arrivent dans l'Inde du Nord. Au cours de sa traversée, Fa- Hian s'attarde dans de nombreuses villes, assiste à des fêtes et coutumes relatives au culte de Bouddha. Il prend note de tout ce dont il est témoin, parlant toutefois plus des coutumes religieuses ou des grandes villes que de la vie des habitants, surtout pas des castes inférieures. Fa-Hian va ainsi rester en Inde de 405 à 411, changeant régulièrement d'adresse, se ren- dant notamment dans le Pendjab, à Bénarès, atteignant l'embouchure du Gange. Il s'embarquera finalement pour l'île de Ceylan, où il demeurera deux ans, avant de se rendre à Java, puis de retourner en Chine, à Si'an-fou, sa ville natale, après dix-huit ans d'absence.

Par la suite, Xuan Zang, lui aussi moine bouddhiste et pèlerin, reste en Inde de 630 à 643, sous la dynas- tie Tang. Comme Fa-Hian, son récit fait la part belle aux fêtes bouddhistes, aux coutumes du pays et aux croyances et légendes de l'époque.

De nombreuses inventions

C'est précisément à cette époque, où l'administration joue de nouveau un si grand rôle, que se développe la production à grande échelle du papier. Les premiers ouvrages imprimés apparaissent : on utilise des planches gravées en bois. On peut dater également de cette époque l'invention de la poudre, laquelle, toutefois, ne servira pas à des fins militaires… mais pour les feux d'artifice ! La brouette, qui existe déjà au IVᵉ siècle, semble se rap- procher de la forme moderne également à cette époque : dans un pays où le système routier est loin d'être entiè- rement développé, cet engin de taille modeste et facile- ment maniable est idéal pour transporter quelques marchandises sur des petits chemins étroits. Apparaissent aussi les premières boussoles et la première horloge.

Cette peinture représente un notable suivi de son écuyer (fragment d'une scène de la vie du Bouddha).
Réalisée sur du papier, elle témoignage de l'avance technique des Chinois par rapport aux Occidentaux.
Peinture chinoise, seconde moitié du VIIIᵉ siècle.

Durant la période Tang, le grand mathématicien indien Goutama Siddhârtha, en visite à la cour de l'empereur chinois, révèle à ses voisins les deux grandes découvertes fondamentales de l'Inde : l'usage du sinus dans les calculs trigonométriques et l'invention du zéro.

Enfin, c'est sous les règnes de Li Shimin et de ses successeurs que le médecin Sun Simio (581-682) réalise une gigantesque somme de tout le savoir médical de l'époque, en trente volumes ; ce « Galien chinois » s'intéresse aussi bien à la pharmacie et à l'hygiène qu'à la sexologie.

Les premières brouettes chinoises étaient faites d'une seule roue autour de laquelle étaient posés de petits colis de marchandises. Ce dessin est reproduit à partir d'une estampe, autre invention chinoise.
Estampage Yuan.
© Roland et Sabrina Michaud/Rapho.

Les Chinois ont également inventé la poudre destinée à l'origine à des spectacles. Ils l'utilisèrent par la suite pour les canons (au XIIIᵉ ou au XIVᵉ siècle).
Peinture du XXᵉ siècle.
© Roland et Sabrina Michaud/Rapho.

Bien avant les Occidentaux, les Chinois inventèrent la boussole.
Boussole chinoise.
Corée du Sud, Musée d'Onyang. © Roland et Sabrina Michaud/Rapho

L'épopée du *papier*

Le papier en Chine

L'histoire la plus lointaine qui nous soit parvenue sur la création du papier vient de Chine et date de l'époque de la dynastie Han vers 105. Ts'ai Luen (ou Cai Lun, mort en 121), directeur des ateliers impériaux de l'empereur Hoti, élabore des feuilles utilisables avec de l'encre de Chine, qu'on obtenait alors avec du noir de fumée. En réalité, il semble que le papier soit apparu aux environs des IIIe-IIe siècles av. J.-C. Au début de notre ère, les Chinois connaissaient les « Quatre Trésors du Lettré » : la pierre à encre, l'encre, le papier et le pinceau. L'originalité est que Ts'ai Luen nous livre une description détaillée de la fabrication du papier : il mélange des écorces de mûriers, des vieilles cordes de chanvre, des chiffons et de la paille de riz qu'il laisse pourrir. Il semble qu'il écrase alors le tout jusqu'à en faire une pâte. Toujours est-il que la matière ainsi obtenue est déposée et mise à sécher sur un tamis.

Jusque-là, la Chine utilisait plutôt la soie pour ses premiers livres à rouleau. Mais le prix de ce genre d'ouvrages était trop coûteux. Le papier s'avérant nettement moins onéreux, quoique également moins esthétique, il prit le pas sur la soie à partir du VIe siècle. Toutefois, les Chinois ne vont pas renoncer à une présentation de qualité de leurs livres à partir du papier. Ainsi, au cours des siècles, ils ne cesseront de varier les matériaux, tels le bambou, le rotin, la paille, etc. On signale même, au XIe siècle, du papier à poivre !

Le papier coréen

Les Coréens se servent d'une plante, le « mûrier à papier » ou *tak*, dont les fibres sont utilisées pour la fabrication de la pâte. C'est un papier épais, lisse, blanc et résistant. Les Chinois, séduits, l'importèrent, de même qu'une autre recette coréenne, le « papier cuir », qu'ils utilisèrent pour fabriquer les couvertures de leurs livres, mais également… des imperméables !

À gauche.
Représentation hautement symbolique :
les Quatre Trésors du Lettré chinois :
la pierre à encre, l'encre, le papier et le pinceau.
© Roland et Sabrina Michaud/Rapho.

Page de droite.
Cette célèbre peinture sur soie représentant les Six Voies
de la Renaissance et les Dix Rois, nous montre des artistes
chinois face à des rouleaux de papier. Ce chef-d'œuvre
a été retrouvé, comme beaucoup d'autres, dans les grottes
de Dunhuang et est daté de 983, lors des débuts
de la dynastie Song.
Le Bodhisattve Ti-tsang, maître des Six Conditions et Dix Rois
des enfers, détail d'une peinture sur soie du Xe siècle.
Paris, musée Guimet – musée national des Arts asiatiques. Photo RMN/Daniel Arnaudet.

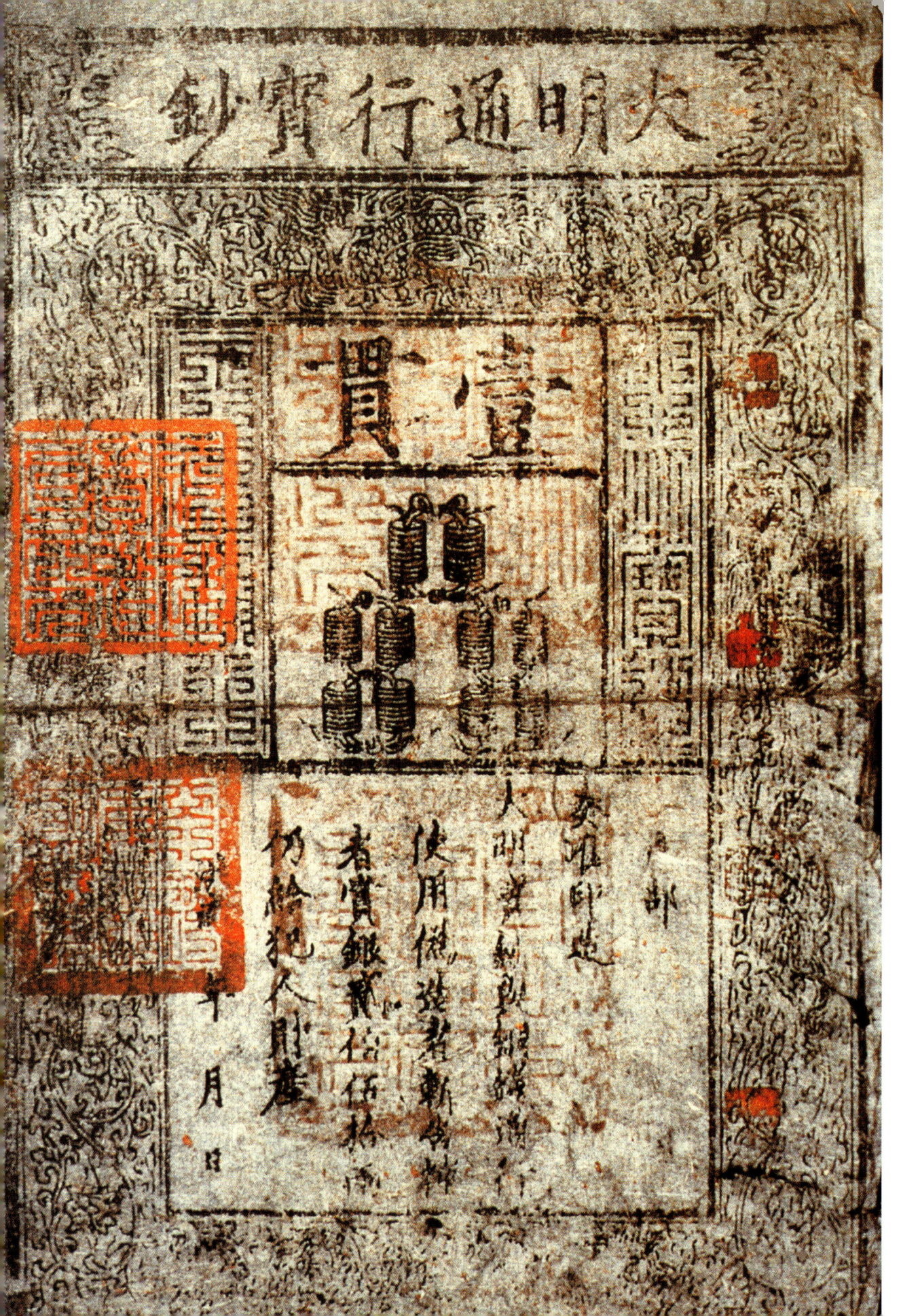

Le papier envahit l'Orient

Au début du VIIᵉ siècle, un moine coréen, Damjing, aurait introduit la fabrication du papier au Japon. Puis, ce sont les Arabes qui apprennent la technique, peut-être dès leur conquête de Samarkand (712), ou plus vraisemblablement, suite à la bataille de Talas en 751, qui voit encore les Arabes vainqueurs : on sait juste que des Chinois, peut-être des ouvriers papetiers faits prisonniers et résidant à Samarkand, transmettent le secret de la fabrication du papier. Une fabrique de papier est construite à Bagdad en 793. D'autres suivront, notamment au Caire en 900. Le papier supplante alors le parchemin qu'utilisaient les Arabes.

L'Occident : du papyrus au parchemin

À cette époque, les Occidentaux sont très en retard, puisqu'ils en sont encore à la dernière période d'utilisation du papyrus, même si le parchemin commence à se développer sérieusement ! Depuis la fin de l'Antiquité, en Occident et dans l'Empire byzantin, on parvient à utiliser les peaux de bêtes comme surface d'écriture. Le parchemin naît et remplace donc progressivement le papyrus. Ses avantages sont nombreux : il est solide, économique (ses deux faces sont utilisables) et on peut corriger les erreurs en grattant les lettres gravées dessus. En outre, il est plus esthétique car on peut le relier à plat, tandis que les papyrus étaient toujours enroulés.

Par la suite...

Comme pour presque toutes les inventions, l'Espagne va être le lieu de passage de l'Orient à l'Occident. On y utilise le papier dès le IXᵉ siècle, mais ce n'est que dans la première moitié du XIIᵉ siècle qu'une papeterie est construite à Jativa, au sud de Valence. Quelques décennies plus tard, on en trouve dans toute l'Espagne et l'Italie est gagnée à son tour. Le papier y est vite préféré au parchemin : dès les années 1150, des fabricants de papier, dans la ville de Fabriano, utilisent un moulin à eau pour piler la pâte. Vers la même époque, en 1157, Johann Montgolfier, originaire de la région de Mayence, part en croisade. Prisonnier à Damas, mais apparemment bien traité, il y apprend la recette de la fabrication du papier. C'est ainsi que trois siècles avant un autre Johann (Gutenberg), un Allemand va diffuser une invention en provenance de Chine.

Ce n'est qu'en 1348 que la France, jusque-là restée fidèle au parchemin, possède enfin une papeterie, fondée à Troyes, cependant qu'au XVᵉ siècle, une branche des descendants de Johann Montgolfier émigre en Auvergne, puis dans le Vivarais, cherchant un lieu pour créer une papeterie. Finalement, sous Louis XIV, la famille Montgolfier va fonder la Papeterie des États du Vivarais. Parmi les membres de cette dynastie du papier : les célèbres frères Montgolfier, à l'origine de la montgolfière, qui firent leur premier vol en 1783.

Page de gauche.
Les Chinois, en plus d'avoir inventé le papier, en ont fait également le support d'une nouvelle monnaie, ancêtre de nos billets de banque modernes.
Papier-monnaie chinois d'époque Ming, imprimé sur du papier en fibre de mûrier.
© Roland et Sabrina Michaud/Rapho.

À droite.
Tandis que les Chinois développent la fabrication du papier, le reste du monde eurasien utilise le papyrus, puis le parchemin.
Papyrus égyptien, IXᵉ siècle.
Berlin, Agyptisches Museum und Papyrussammlung (SMPK).
Photo RMN/Jürgen Liepe.

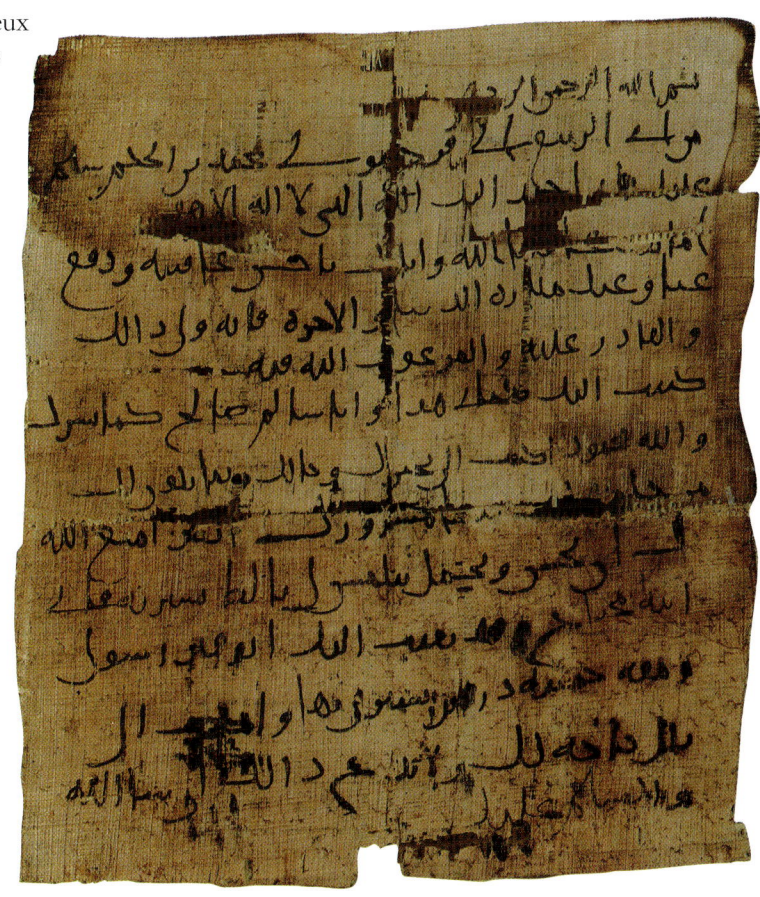

Les moines irlandais,
voyageurs et hommes de science

Le corps de Matthieu est enveloppé d'un manteau à damier, témoignage du goût des moines irlandais pour la représentation géométrique.
Le symbole de Matthieu, *Livre des Évangiles de Durrow*, vers 680.
Dublin, Trinity College Library. Photo The Bridgeman Art Library.

Un mouvement religieux, culturel… et scientifique

Au VIIIe siècle, un courant monachiste commence à s'instaurer dans un Occident toujours affaibli politiquement, économiquement et culturellement. Les moines, bénédictins entre autres, détiennent l'écriture et les sciences ; ils s'efforcent de conserver ce patrimoine contre toutes les vicissitudes du temps. À cette époque, l'Irlande, qui n'a connu aucune des multiples invasions venues de l'est, apparaît comme une exception. Le monachisme irlandais, sévère, ascétique et énergique, est à son apogée. Les monastères de l'« île aux Saints » (ainsi qu'on surnomme le pays) ne se bornent pas à conserver la culture ancienne, mais s'efforcent d'apporter leur contribution tant scientifique que culturelle. Les moines sont auteurs et diffuseurs de manuscrits enluminés avec initiales à pleine page, décorations et dessins variés, tels le *Livre de Durrow* ou le *Livre de Kells*. Désormais, l'ouvrage théologique et scientifique est également un objet d'art.

Dès la fin du VIIe siècle, cette civilisation exceptionnelle se développe également en Europe, en parallèle avec le phénomène bénédictin. Un peu partout en Occident, des moines irlandais créent des couvents, sur le Rhin, sur la Meuse ou sur le Rhône. Non contents de faire œuvre de prédication et de charité, ils apportent des avancées dans le domaine scientifique. Le plus célèbre des couvents irlandais, établi dans une région de langue allemande, est celui de Saint-Gall, au sud du lac de Constance. Véritable centre d'enseignement, tout particulièrement dans le domaine médical, il est doté d'une maison pour le médecin, d'une infirmerie et d'un cabinet pour les saignées.

De grands voyageurs

Mais ces moines ne se contentent pas de se répandre sur le continent : ils s'embarquent également pour les terres inconnues du nord, s'établissant ainsi parmi les premiers aux Orcades, aux Féroé, aux Hébrides, aux Shetland et jusqu'en Islande, dans les cantons de

Les moines irlandais accostant des terres inconnues. À partir du livre sur le voyage de saint Brandan (ici censé aborder l'île du Diable), on estime que les Irlandais étaient déjà présents en Islande, avant les Vikings. Si cet ouvrage n'est pas forcément fiable sur ce sujet, il semble toutefois avéré que les Scandinaves rencontrèrent lors de leurs périples des hommes d'Église déjà installés dans ces contrées lointaines.
Richard de Montbaston, *Vies de saints*, XIVe siècle.
Bibliothèque nationale de France, Français 185, fol. 128.

Papeya et de Papili, bien avant les Vikings à qui ils serviront parfois, par la suite, de pilotes. Une fois sur place, ces intrépides aventuriers se construisent une petite chapelle, explorent leur nouvelle patrie, convertissent parfois quelques rares habitants et vivent pleinement leur foi. L'épopée de ces voyageurs est illustrée par l'un des plus grands succès livresques du Moyen Âge : *La Navigation de saint Brendan* (ou Brandan), du nom d'un abbé irlandais. Ce livre, écrit

vers 1130 par un certain Benoît, s'inspire d'ouvrages plus anciens sur le même thème. Un de ces ouvrages semble pouvoir donner des indices de la découverte de côtes américaines avant l'arrivée des Vikings ! En tout cas, l'Islande, elle, également perceptible dans *La Navigation de saint Brendan*, est clairement mentionnée dans le *Liber de mensura orbis terrae* rédigé en 825 par le géographe irlandais Dicuil.

BÈDE LE VÉNÉRABLE (672-735), INVENTEUR DU TEMPS MODERNE

De cette civilisation irlandaise exceptionnelle, un homme se détache : Bède le Vénérable (672-735), qui est d'abord élevé dans le monastère de Wearmouth, puis qui entre dans celui de Jarrow où il restera toute sa vie. C'est là qu'il perfectionne sa culture et qu'il va rédiger la cinquantaine d'ouvrages qui forment son œuvre. Bède est connu chez nos voisins britanniques comme le véritable fondateur de la culture anglo-saxonne. Son *Histoire ecclésiastique de la nation anglaise*, son œuvre la plus célèbre, est un ouvrage extrêmement documenté sur les débuts de l'histoire de l'Angleterre. C'est un des premiers livres d'histoire à caractère « scientifique », ne se contentant pas de suivre la tradition orale et il est demeuré une source incontournable pour les historiens.
Le VIIIe siècle est la période des querelles religieuses concernant le calendrier ecclésiastique et, notamment, la datation des fêtes pascales. En 725, Bède écrit *De la division du temps*, véritable histoire de la chronologie, avec le rappel des systèmes de comput des Grecs, des Romains, des Égyptiens et des Hébreux. Puis il introduit le comptage des années à partir de l'ère chrétienne, à l'aide du comput dionysien, qui sera finalement adopté par l'Europe chrétienne.
Il faut aussi citer ses traités sur la métrique (toujours enseigné à l'école de Chartres au XIe siècle), la grammaire, l'*orthographia* (un glossaire), les « sciences naturelles » et la cosmologie. Il écrit tout un ouvrage concernant le calcul avec les doigts de la main. Surtout, à une époque où la cause n'est pas encore tout à fait entendue, même si elle fait déjà certainement la majorité, il atteste de la rotondité de la Terre, la comparant non à une roue, ronde et plate, mais à une boule.

Dans son *De numeris*, le célèbre théologien et écrivain allemand Raban Maur reprend, au IXe siècle, à la suite de Bède le Vénérable, la réflexion sur le principe du comptage avec les doigts.
Raban Maur, *De numeris*, IXe siècle.
Bibliothèque nationale de Lisbonne. Photo Dagli Orti.

فقال أيم الله لقد أجوز أن تربع وللضد وتحقين ذا أن يسمع أنذ بأقوم لتجيكم الله اليوم قال أفكان الجماعة

إن أبت بعد وقفة وابت تصديق دعوة فوثبة ما هجس في أفكارهم وفطن لما بطن من استنكارهم وحادثهم أن

ثم قال قال بعض الظراف أن ثم قال بعض الظراف أن الأرض واساه القول المرين الطاضة الجوهر

الشك وقد فتيها بما بعد زمن عبد الامتحان يكم الرجل اوبان

DES HOMMES DE FOI
AU SERVICE DE LA SCIENCE

Rien n'est plus courant que de mettre en opposition les sciences et la religion. Cette image caricaturale se révèle inexacte en ce qui concerne l'Occident et le monde arabe. Presque toutes les découvertes mondiales de cette période sont en effet réalisées par des religieux (moines chinois, docteurs musulmans, moines bénédictins ou franciscains) et ce ne sera qu'au XIIIᵉ siècle que les premiers véritables interdits apparaîtront, notamment en France (cf. chapitre : L'Église contre la science ?). Pendant les quatre siècles qui précèdent, et notamment pendant les IXᵉ et Xᵉ siècles qui voient le développement très rapide et constructif des religions chrétienne et musulmane dont il est question ici, la théologie et la philosophie vont de pair (pour beaucoup de théologiens, croire en Dieu, c'est aussi connaître et comprendre sa Création, autrement dit l'Univers et ses mystères), et les religieux de « terrain » se font volontiers techniciens. Les horloges et les moulins à eau sont fabriqués et utilisés par des moines, pendant que les religieux de l'« intellect » étudient la médecine, l'astronomie, les mathématiques. Si l'on excepte les Vikings, la plupart des voyageurs de cette période sont également des moines. Et en dépit de règnes de nombreux conquérants, c'est bien un esprit de paix universelle qui guide ces hommes d'Église.

La diffusion des connaissances, malgré des rivalités entre religions, devient de plus en plus systématique, notamment du fait de la progression de la conquête arabe. Deux lieux stratégiques en Méditerranée permettent un rapprochement entre les cultures chrétienne et islamique : la péninsule Ibérique tout d'abord, en grande partie occupée par les Arabes mais déjà en voie de reconquête espagnole (la frontière séparant les deux « mondes » est très fragile et très mobile et permet donc les rapprochements entre érudits et chercheurs expliquant que l'Espagne soit presque toujours le lieu de passage obligé d'une invention partie d'Orient et parvenant en Occident) ; ensuite (Xᵉ-XIᵉ siècle), la Sicile, devenue terre normande, accueille, par le truchement de ses rois ouverts à toutes les cultures, les savants et artistes des religions du Livre (musulmane, juive et chrétienne). D'où, notamment concernant la médecine et la géographie, les traductions réalisées par les Italiens des ouvrages de savants arabes. À l'heure où les croisades sont sur le point de débuter, on s'aperçoit que les échanges entre peuples sont plus fréquents et plus amicaux qu'on ne pourrait se l'imaginer. Il en sera bien autrement en Amérique centrale, où la civilisation maya – dominée elle aussi par une hiérarchie religieuse –, qui brillait dans cette région, va décliner sous la pression des Toltèques, plus militaires, venus du Mexique. Mais ce seront ces derniers, puis leurs successeurs les Aztèques, qui vont apporter une contribution décisive aux sciences et techniques méso-américaines.

Charlemagne remet la science
au goût du jour

Une ambition unificatrice

Si la construction politique et territoriale carolingienne ne survit guère à Charlemagne, en revanche ses institutions administratives, économiques, sociales et surtout culturelles se perpétuent, fondant ainsi une véritable civilisation occidentale, ne se référant plus uniquement au passé grec et capable d'innovations face au monde arabe ou au monachisme irlandais. Cette naissance d'une nouvelle civilisation, nous la devons en grande partie à cet étonnant souverain, curieux de tout, fondateur d'un immense empire comme d'une renaissance culturelle. Lui-même s'intéresse à l'astronomie, à l'arithmétique et à la rhétorique, bien qu'analphabète !

Charlemagne ne se sent pas seulement responsable de son empire, mais véritablement de l'unité morale de la chrétienté. Il pose ainsi les fondements d'une réforme monastique qui sera toutefois loin d'être achevée à la mort du souverain. L'idée de Charles est que chaque monastère soit un lieu de « diffusion » de la spiritualité, mais aussi un centre économique, administratif et culturel. Véritables jalons, donc, de la pensée unificatrice et réformatrice du maître : sous son règne et celui de son fils, quatre cents monastères sont construits ou rénovés.

À gauche.
Charlemagne va remettre en valeur le principe de l'étude, de la conservation du patrimoine culturel et de la recherche scientifique. C'est l'Église qui est chargée de ces différentes missions.
Charlemagne et son fils Pépin dictant ses lois, codex du Xe siècle. Italie, Archives du Dôme. Photo Dagli Orti.

Ci-dessous.
Charlemagne n'a pas inventé l'école, mais l'a remise au goût du jour dans les monastères. Ici, un maître et ses élèves.
Petrus Quesvel, *Directorium juris in foro conscientiae et judicali*, XVe siècle.
Bibliothèque municipale de Troyes, ms. 75, fol. 1. Photo IRHT.

Eginhard, le « ministre de la culture » de Charlemagne, est représenté en train d'écrire. C'est sous son impulsion et celle de l'empereur que se développent les ateliers de copiste et l'écriture caroline.
Grandes chroniques de France, XVᵉ siècle.
Bibliothèque municipale de Valenciennes, ms. 637, fol. 93 v°. Photo IRHT.

Un manuel scolaire du Xᵉ siècle : *Les noces de Mercure et de Philologie* de Martianus Capella. Il s'agit d'une encyclopédie des sciences de l'époque, qui sert de manuel dans les écoles carolingiennes.
Martianus Capella, *De nuptiis Mercurii et Philologiae*, Xᵉ siècle.
Bibliothèque nationale de France, Latin 7900 A, fol. 132 v°.

Les réformes

Pour diriger sa politique culturelle, Charles fait notamment appel à un Irlandais, Alcuin, qui devient son principal conseiller en la matière. L'empereur organise alors dans tout l'empire la création d'écoles dans les monastères et auprès des églises monastères. Dans ces écoles, on apprend aux enfants à lire, on enseigne les psaumes, les notes, le chant, le comput et la grammaire. Reprenant une distinction fondée sans doute par le philosophe Boèce, Charlemagne organise son nouveau système scolaire sur l'étude des disciplines du trivium et du quadrivium. En 805, il introduit la médecine dans le programme d'études, sous le nom de « physique ».

Enfin, il ordonne que, dans chaque atelier de copie, on retranscrive les manuscrits des auteurs latins, chrétiens et même païens. Une nouvelle écriture, nette et élégante, est employée et appelée « caroline » en son honneur*. Elle va perdurer jusqu'au début du XIIIᵉ siècle. C'est grâce à cette activité que la littérature latine a pu arriver jusqu'à nous : la plupart des textes que nous possédons sont des copies de l'époque carolingienne !

Sous Charlemagne, la question du calendrier, en partie élucidée par Bède le Vénérable s'agissant du comput, est réglée par le passage au système médiéval des mois. Charles donne lui-même des noms aux mois, à partir des préoccupations climatiques et des activités agricoles. Parallèlement commence une politique de défrichage intense qui favorise l'évolution de l'outillage : la hache et la cognée deviennent les principaux instruments des ouvriers de l'empereur. Celui-ci favorise la pratique du cadastre (dont il serait même l'inventeur), qui bénéficie des derniers progrès de la géométrie. Dans un tout autre domaine, sous l'Empire carolingien apparaît un nouveau type de fabrication des cloches : auparavant réalisées au moyen de lames de fer, elles sont désormais fondues en bronze.

* Charles le Grand ou Charlemagne se dit *Carolus magnus* en latin.

La naissance de l'*algèbre*

Si, en Occident, les mathématiques sont en déclin depuis longtemps (bien que Charlemagne leur ait fait une place dans son programme scolaire), en Orient, elles sont à la base de toute formation scientifique.

Au IXe siècle, le mathématicien al-Khwârizmî (v. 800-v. 850), né en Ouzbékistan, mais qui s'installe très vite à Bagdad, est à l'origine de progrès immenses de sa matière. À la suite d'une visite de savants indiens à Bagdad, il favorise l'introduction du « calcul indien » avec les neuf signes et le zéro, qui vont tout de suite connaître un tel succès que pendant longtemps ces signes seront désignés sous le nom de « chiffres arabes ». Cette utilisation permet à al-Khwârizmî d'effectuer toutes sortes de manipulations d'équations : des calculs algébriques (le terme d'algorithme vient justement du nom de ce mathématicien). Rappelons que l'art de l'algèbre consiste à construire un nouvel élément à partir d'éléments donnés au départ. Ou, à partir d'éléments comparatifs, de trouver les dimensions, des ordres de grandeur, des rapports de quantité ou de vitesse d'inconnues. Al-Khwârizmî écrit un traité important (traduit en latin plusieurs fois au XIIe siècle) : *Abrégé sur le calcul par la restauration et la comparaison*, qui a pour but de répondre à des questions pratiques (héritage, commerce, arpentage, etc.).

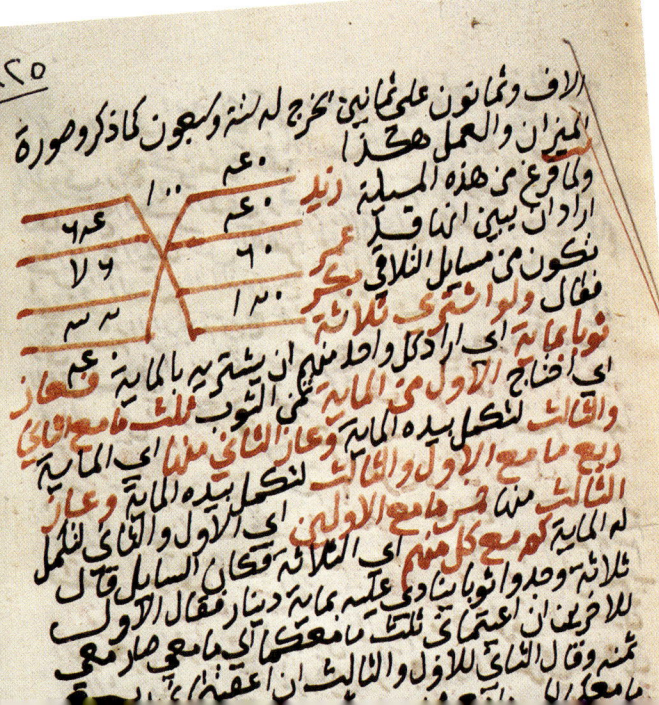

Ci-dessus.
Kitab al-Fusul. **Première apparition de l'écriture de la décimale sous la forme d'un accent mis sur l'unité (10e ligne). La longueur de l'écriture du nombre correspondant à l'importance du nombre. L'invention de la numération indienne de position permet de faire le lien entre le calcul et l'écriture. Elle permet aussi la démocratisation du calcul. Au Ier siècle avant notre ère, les Chinois disposaient déjà d'une numération de position, mais elle souffre de la non-indépendance des représentations des unités : le « deux » n'est pas un chiffre en soi : c'est le « un » représentée à deux reprises. Les Indiens ont donc bien révolutionné le calcul. Mais les Arabes, magnifiques promoteurs et propagateurs, ont fini par imposer leurs propres symboles.**
Al-Uqlidisi, manuscrit du Xe siècle, Damas.
Istanbul, Bibliothèque de Soliman. © Roland et Sabrina Michaud/Rapho.

À gauche.
Un manuscrit arabe d'arithmétique.
Alep, Bibliothèque de madrasa Sharafiya. © Roland et Sabrina Michaud/Rapho.

À gauche.
Au XIIᵉ siècle, on peut dire que les « algoristes », favorables au calcul indien, l'emportent sur les abacistes, se réclamant de Pythagore, défenseurs du calcul par l'abaque ; pour ces derniers, l'avantage de l'abaque était qu'il limitait aux cercles scientifiques la manipulation du calcul. L'algorithme est beaucoup plus démocratique.
Tableaux et règles arithmétiques, XIIᵉ siècle.
Bibliothèque municipale de Vendôme, ms. 134, fol. 124-125 vº.
Photo IRHT.

Très vite, les chiffres indiens, souvent surnommés chiffres arabes, vont prendre la place en Occident des chiffres romains (par l'intermédiaire de Gerbert d'Aurillac). En revanche, les Méso-Américains utilisent des séries de symboles, tels le point, la ligne, ou même le coquillage, pour leur numération.

Tout comme les Chinois, les Arabes vont à leur tour emprunter aux Indiens l'usage du sinus dans les calculs trigonométriques. Pour établir des paramètres astronomiques, la mesure d'angle est indispensable. Mais au IXᵉ siècle, les Arabes apportent leurs propres connaissances en algèbre, notamment la fonction de la tangente, qui sera développée au XIIIᵉ siècle par al-Tûsî, responsable de l'observatoire de Marâgha, en Azerbaïdjan. Au XIᵉ siècle, Ibn Sina se sert du chiffre 9 pour déterminer le cube d'un nombre quelconque.

Entre-temps, au XIIᵉ siècle, l'Inde va revenir au premier plan de la recherche mathématique avec l'un de ses plus illustres représentants, Bhaskara. Il utilise de façon originale les signes algébriques (moins par moins = plus ; moins par plus = moins) et utilise la division par zéro. Il révise les positions signalées des planètes, avec les conjonctions et les éclipses, mais aussi de nombreuses données géographiques souvent faussées par des erreurs de calculs.

Manuscrit du XVᵉ siècle représentant la Géométrie d'Euclide commentée par al Tusi. Commenter un auteur classique est à la fois l'occasion de faire connaître les travaux de ce dernier et de faire part de ses propres travaux qui, s'ils font suite à ceux de l'illustre prédécesseur, peuvent parfois également les contredire. Cette réédition sert autant à diffuser Euclide qu'al-Tusi, savant illustre du monde arabe, également connu en Occident.
Al-Tusi, manuscrit du XVᵉ siècle.
Istanbul, Bibliothèque Millet. © Roland et Sabrina Michaud/Rapho.

Les nouveautés *astronomiques*

Au cours du Ier millénaire de l'ère chrétienne, la connaissance de l'univers reste figée sur l'image géocentrique imaginée par Ptolémée : un ensemble de planètes tournant autour de la Terre, point central de tout ce qui existe. Souvent malmenée, cette théorie s'impose régulièrement tout au long du Moyen Âge, tant en Occident que dans le monde arabe.

Constantin d'Antioche, plus connu sous le nom de Cosmas Indikopleustès, rédige au VIe siècle une *Exploration des mers indiennes*, dans laquelle il imagine la Terre séparée du monde supérieur céleste par une sorte de voûte représentant le firmament. Toutefois, à la même époque, Jean Philopon, savant d'Alexandrie, dans *De l'éternité du monde*, défend la cause géocentrique.

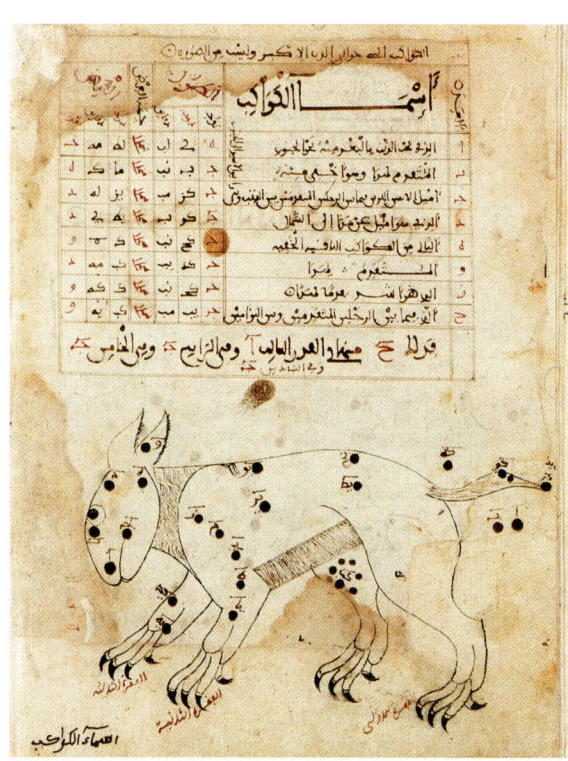

Table de calcul astronomique arabe (XIVe siècle).
Selon l'exemple de Ptolémée, les astronomes arabes,
particulièrement al-Sûfî, représentent les constellations
à partir d'animaux ou de personnages mythologiques,
dont les origines sont d'ailleurs plutôt grecques qu'arabes.
Al-Sûfî, *Kitâb suwar al-kawâkib al-thâbita*, XIVe siècle.
Bibliothèque nationale de France, Arabe 2488, fol. 13 v°.

L'astronomie arabe

Dès le VIIIe siècle, Bagdad remplace Alexandrie comme haut lieu scientifique. Harûn al-Rashîd, de même que son équivalent occidental qu'est Charlemagne, veille à la redécouverte de la science. Il crée notamment une bibliothèque à l'usage de la cour, la « Maison de la Sagesse ». Sous le règne de son fils al-Ma'mûn (813-833), la Maison devient un centre de rencontres pour de nombreux savants, surtout des mathématiciens et des astronomes. Le calife est directement lié à des observations astronomiques et à des recherches géodésiques qu'il patronne. Il charge notamment des

Trois sages discutant de leur science.
Miniature irakienne, 1287.
Istanbul, Bibliothèque de Soliman. © Roland et Sabrina Michaud/Rapho.

De gauche à droite.
Carte chinoise du ciel. L'interrogation, la contemplation et l'explication de ce monde qui est au-dessus de nos têtes est le lien qui unit toutes les civilisations de toutes les époques.
© Roland et Sabrina Michaud/Rapho.

Représentation chinoise d'une phase de la lune.
© Roland et Sabrina Michaud/Rapho.

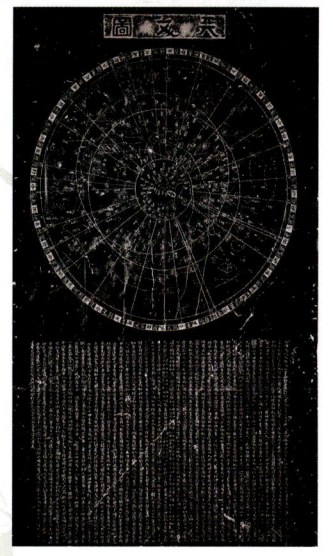

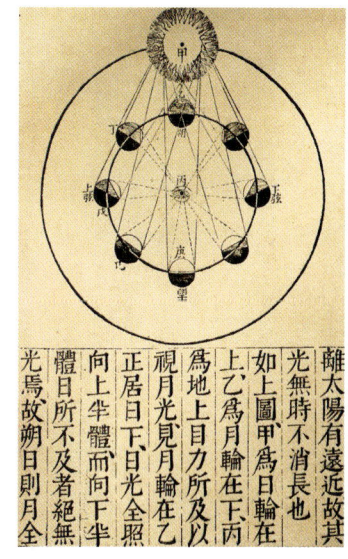

savants de calculer le diamètre de la Terre. Pour cela, une expédition part dans le désert syrien afin de mesurer un degré de méridien. Il est difficile de dire si le résultat obtenu fut correct. Al-Ma'mûn commande également une carte du monde dont nous n'avons aucune trace. En revanche, celle d'al-Khwârizmî, le promoteur de l'algèbre, reste intacte.

L'importance donnée à l'astronomie par les différents souverains de Bagdad et de Damas génère la construction au IXe siècle d'un quadrant mural de 5 mètres de côté, le plus ancien connu. Au Xe siècle, apparaît le premier observatoire muni d'une enceinte. À la même époque, l'astronome al-Sûfî (903-986), peut-être le plus grand spécialiste arabe des étoiles, rédige vers 964 le *Livre des constellations*, influencé par les ouvrages de Ptolémée. Les illustrations du livre d'al-Sûfî sont de véritables œuvres d'art.

Grand mathématicien (mais aussi grand médecin), Ibn Sina (Avicenne) s'attache à l'étude de la quantité de mouvement et de la force motrice. Il fait la distinction entre la vitesse de la lumière et celle du son.

L'astronomie maya

Si les Mayas ont déjà un calendrier de 365 jours, ils représentent la Terre sous forme plate et carrée. La représentation de l'espace et de la Terre est basée sur des concepts esthétiques plutôt que scientifiques, même si ce peuple est parfaitement capable de se lancer dans de savants calculs. Le critère de beauté, d'équilibre, d'harmonie entre les astres, les éléments, la vie, la mort, les climats sont à la base de leur cosmologie. De tels principes n'étaient d'ailleurs pas totalement étrangers aux raisonnements tant des Chinois que des Arabes et des Occidentaux qui, tous, considéraient que le Créateur voulait un univers équilibré et de toute beauté.

Bien loin des Occidentaux, des Chinois ou des Arabes, les Mayas sont eux aussi soucieux de périodicité.
Manuscrit Maya, 1350.
Madrid, Museo de America. Photo AKG-images.

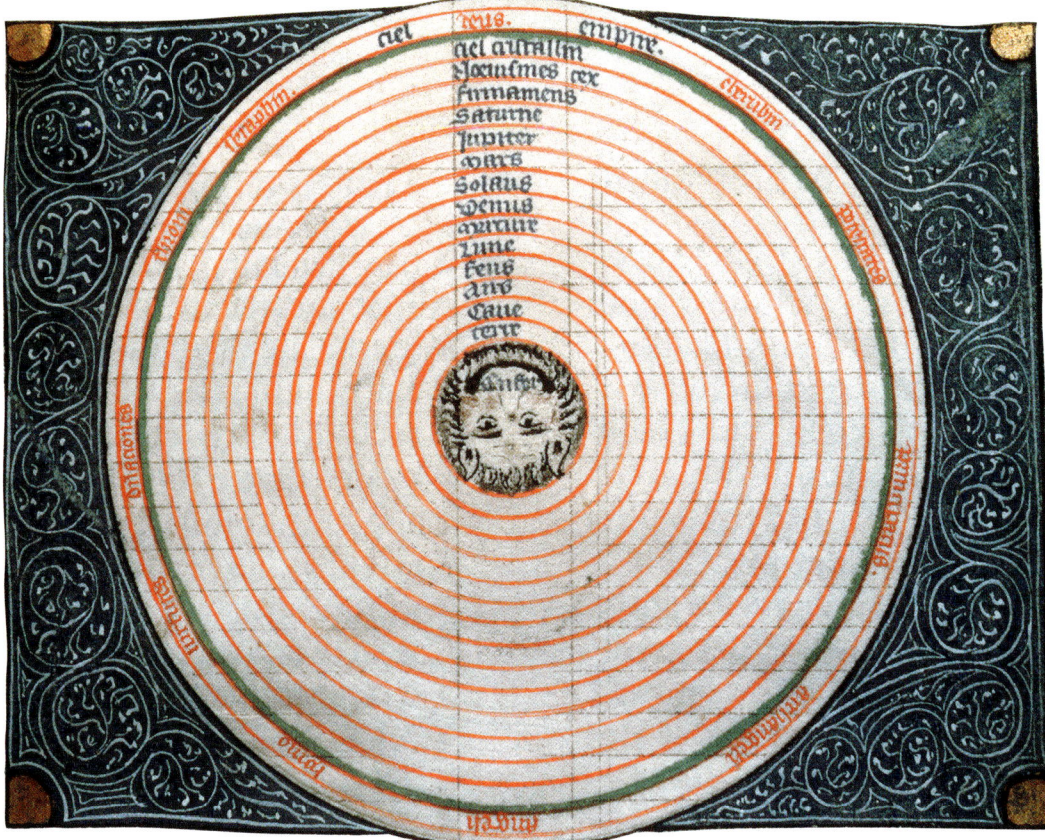

L'astronomie occidentale

Après s'être contenté de n'être que le brillant héritier des traités d'astrologie grecs ou arabes, l'Occident apporte enfin sa propre pierre à l'édifice. Ainsi, l'astronomie devient une discipline du quadrivium.

Il s'en faut toutefois de peu pour que l'idée générale que l'on se fait du monde soit entièrement remise en question par une découverte occidentale. Jean Scot Érigène, qui séjourne à la cour de Charles le Chauve vers le milieu du IXe siècle, publie *De divisione naturae*, œuvre dans laquelle il reprend une ancienne théorie antique selon laquelle Vénus et Mercure tournent autour du Soleil. De là, Jean Scot Érigène conclut que Mars et Jupiter tournent aussi autour du même astre. Il aurait donc suffi qu'il imagine le même phénomène avec la Terre pour que la théorie héliocentrique (les planètes tournant autour du Soleil) fasse concurrence au système géocentrique. Mais cette étonnante prémonition reste sans lendemain.

À la fin du Ier millénaire, la civilisation maya n'est plus ; elle est remplacée notamment par les Toltèques, venus du Mexique, puis par les Aztèques. Tout en développant des principes complexes et très éloignés de la réalité, les Aztèques représentent la Terre sous forme d'un disque, et non plus d'un carré (mais la Terre reste plate). Ce qui ne les empêche pas de calculer le parcours de la Lune et de Vénus.

Gossuin de Metz et son *Imago Mundi* (*Image du Monde*) est un parfait exemple de ces « auteurs » médiévaux, à la fois lettrés, savants, chercheurs, recopieurs, synthésistes et, d'une certaine manière, poètes. Le but de ces ouvrages, qui semblent parfois faire du neuf avec de l'ancien, est aussi d'apporter un autre regard sur des informations déjà datées. C'est dire le rôle essentiel de l'illustrateur.
Gossuin de Metz, *L'image du monde*, vers 1360.
Bibliothèque municipale de Tours, ms. 947, fol. 66. Photo IRHT.

En Occident, ce n'est qu'au XIIIe siècle que les traités astronomiques apportent de véritables concepts nouveaux. Le lettré lorrain Gossuin de Metz montre vers 1245, dans son ouvrage *L'Image du monde*, quelques-unes des conséquences de la sphéricité de la Terre : pendant une éclipse de Lune, l'ombre de la Terre sur la Lune est ronde ; deux pèlerins qui marchent dans des directions opposées se retrouvent au point opposé. Même si l'on sait depuis longtemps que la Terre est ronde, on est en mesure de le prouver à partir d'arguments scientifiques. Enfin, autre progrès, en 1290 est calculée la latitude de Paris ; à la même époque, on invente l'arbalestrille, un appareil censé pouvoir mesurer la hauteur d'une étoile.

Après ces années de découvertes et de confirmations, le XIVe siècle ouvre l'ère des remises en question. Ainsi, John Buridan et Nicolas Oresme étudient, à partir des premières réflexions d'Ibn Sina, lcs dis-

À droite.

Un astronome observant le ciel, illustration du début du XVe siècle. On remarque que cet astronome tient une sphère armillaire : les armilles (ou anneaux) représentent les cercles de notre planète, les cercles polaires, l'équateur, les tropiques, etc.
À partir du dernier siècle du Moyen Age, l'idée d'une pluralité des mondes, l'éventualité que la Terre ne soit plus le centre de l'univers, est déjà dans de nombreux esprits, notamment de la cour du pape Pie II, lui-même un scientifique chevronné. Mais il faudra attendre encore quelques décennies, avec Copernic, puis Galilée, avant que de telles idées soient émises avec exactitude… et courage.
Bartholomaeus Anglicus, *De proprietatibus rerum* (trad. Jean Corbechon), avant 1416.
Bibliothèque municipale de Reims, ms. 993, fol. 130. Photo IRHT.

tances et les déplacements d'une planète vers une autre et tous deux mettent en valeur le fait qu'il est en réalité difficile d'établir avec précision la vitesse de ce déplacement, ce qui remet en cause bien des déductions au sujet de la position des astres. Au XVe siècle, Nicolas de Cusa (1401-1464), cardinal aux côtés du pape Pie II (lui-même savant universel, mathématicien, promoteur d'encyclopédies), soutient le système de la rotation de la Terre autour du Soleil et admet le principe de la pluralité des mondes. Nous sommes près de cent cinquante ans avant Galilée.

Ci-dessous.

Au Moyen Âge, de savants calculs sont effectués pour calculer les marées, les cycles lunaires, les distances entre planètes. Outre la connaissance du Ciel, ces recherches ont également pour but d'obtenir un calendrier plus exact, donnant ainsi une date précise pour les fêtes religieuses, notamment Pâques.
Recueil d'astronomie et de comput, Xe-XIe siècle.
Bibliothèque municipale d'Angers, ms. 477, fol. 27 v°. Photo IRHT.

Une magnifique invention : *l'astrolabe*

Manuel datant du XIIIe siècle, en provenance de Turquie, expliquant comment fabriquer un astrolabe. Les plus fameux furent rédigés par al-Bîrunî, qui fabriqua lui-même quelques instruments.
Téhéran, Bibliothèque du Parlement. © Roland et Sabrina Michaud/Rapho.

Astrolabe arabe, provenant d'Irak, au IXe siècle. Il est difficile de dire d'où provient le tout premier astrolabe. Il semble que Ptolémée déjà donnait des indications sur la manière de construire et de se servir de ce genre d'instrument
Astrolabe arabe, IXe siècle, Irak.
© Roland et Sabrina Michaud/Rapho.

À gauche.
Astrolabe indien du XVIIIe siècle. Cet instrument fut largement adopté par l'ensemble du monde oriental.
Institut oriental de Poona. © Roland et Sabrina Michaud/Rapho.

De quand date le premier astrolabe ? Ptolémée en explique le principe dans sa *Planisphère*. Jean Philopon, le défenseur du géocentrisme, décrit son utilisation. Toutefois, les plus anciens instruments que nous ayons conservés sont tous arabes.

L'astrolabe est un instrument qui sert à mesurer les positions et les hauteurs des astres, à trouver l'heure et la latitude du lieu où l'on se trouve. Il est à la fois instrument d'observation et de calcul. Le type le plus courant est l'astrolabe planisphérique, composé d'un axe mobile sur lequel est dessinée une représentation sur surface plane de la sphère céleste, grâce à un procédé de projection stéréographique. Cette conversion, faite sur le plan de l'équateur le plus souvent à partir du pôle Sud, donne une image symétrique de ce qui est vu de la Terre. Pour une latitude donnée, en alignant cette représentation sur sa vision du ciel nocturne, l'observateur est capable de donner l'heure de la nuit. D'après Ibn al-Nadîm, le premier astrolabe aurait été fabriqué à Bagdad dans la seconde moitié du VIIIe siècle par al-Fazârî. Mais c'est al-Bîrunî qui semble avoir fabriqué l'astrolabe le plus perfectionné (XIe siècle) et écrit le traité le plus complet sur la façon de le construire.

Au XIe siècle, l'astrolabe se simplifie grâce aux travaux d'al-Zarqali (également connu sous le nom latin d'Arzachel, 1029-1100). Arzachel remplace la projection stéréographique polaire par une projection horizontale, ce qui permet d'employer une seule lame, valable pour toutes les latitudes terrestres. Ce nouveau type d'astrolabe, appelé « lame d'al-Zarqali », a été fabriqué pour le roi al-Ma'mun de Tolède.

La découverte des aurores boréales

Dès le VIe siècle, Grégoire de Tours, dans son *Histoire des Francs*, nous décrit une observation d'un phénomène étrange, qui correspond à la « couronne boréale » (qu'il est donc le premier à signaler) : « Nous vîmes pendant deux nuits de suite des signes dans le ciel, c'est-à-dire des rayons de lumière qui s'élevaient du côté de l'Aquilon. […] Il y avait au milieu du ciel un nuage très lumineux auquel tous les rayons allaient se réunir sous la forme d'une tente dont les bandes, beaucoup plus larges vers le pied, montaient en se rétrécissant jusqu'à son sommet, où elles se réunissaient souvent en une espèce de capuchon. » Grégoire de Tours signale à plusieurs reprises des aurores boréales, sujet d'étonnement, mais sans y voir de cause surnaturelle. Ce qui ne sera pas toujours le cas pour les observateurs des siècles suivants.

Al-Bîrunî (973-1050) est à la fois un grand savant, ayant découvert de nouvelles méthodes de calculs astronomiques, ou inventé des astrolabes, et un encyclopédiste, soucieux, comme son confrère Ibn Sina, de faire connaître à ses contemporains l'ensemble des connaissances de son temps.
Istanbul, Bibliothèque de Topkapi. © Roland et Sabrina Michaud/Rapho.

François Arago, grand savant du XIXe siècle, dans un ouvrage traitant des aurores boréales, cite ce qui est à son avis la première tentative d'explication des aurores boréales par un Norvégien des environs de la ville de Namsos (au nord de Trondheim), dans *Le Miroir du Roi* (*Konungs skyggsjá*), datant de 1250 : « Quelques personnes prétendent que cette lumière est un reflet du feu qui entoure les mers au nord et au sud ; d'autres disent que c'est le reflet du sol quand il est au-dessous de l'horizon ; je pense, quant à moi, qu'elle est produite par la glace qui rayonne pendant la nuit la lumière qu'elle a absorbée pendant le jour. » Descartes, au XVIIe siècle, puis sir John Franklin, au début du XIXe, reprendront cette théorie.

Les Arabes font progresser *la médecine*

S'il est injuste de dire que la médecine était inexistante au Moyen Âge, en revanche, les découvertes innovantes furent rares. De même que pour les mathématiques, la médecine perdure et progresse durant le Iᵉʳ millénaire grâce à l'extraordinaire apport du monde arabe. Dès le règne de Hârûn al-Rashîd (786-809) est construit à Bagdad le premier hôpital du monde musulman.

Toutefois, c'est surtout au cours du Xᵉ siècle que la médecine arabe connaît son apogée grâce à de nombreuses figures. Dans ce domaine tout particulièrement, il convient de faire la distinction entre les « découvreurs » et les savants « encyclopédistes ». Ces derniers s'efforcent à la fois de rassembler les connaissances médicales de tous les pays et de toutes les époques,

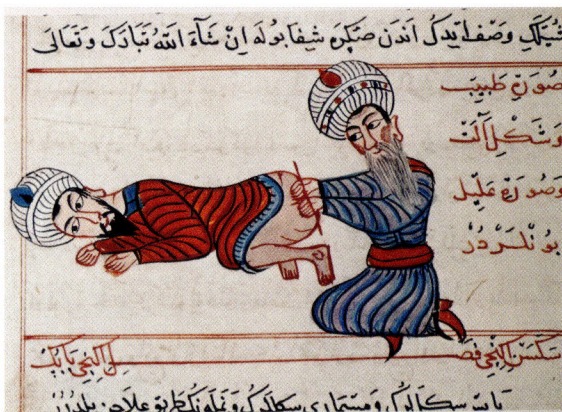

font le tri entre les données savantes et le charlatanisme et s'efforcent d'expérimenter, voire de faire progresser, tout ce savoir qui s'accumule au cours des siècles : ils participent eux aussi de la grande histoire de la science sans avoir forcément identifié de nouvelles maladies, de nouvelles méthodes de guérison. Parmi les véritables « médecins découvreurs », deux figures exceptionnelles se détachent : al-Razi et Ibn Sina.

Né en 855 en Iran, Ibn Zakariyya al-Razi, appelé Rhazès par les Latins, se dirige à l'âge de trente ans vers la médecine pratique. Il devient médecin à l'hôpital de Bagdad. Tout en soignant ses malades, il s'attelle à un travail encyclopédique en créant des fiches sur l'ensemble de la production de la littérature médicale

En haut.
Séance d'acupuncture, méthode médicale d'origine chinoise. Cette image est extraite d'un manuscrit chirurgical turc du XVᵉ siècle. Il est question ici du traitement des hémorroïdes.
© Roland et Sabrina Michaud/Rapho.

À gauche.
L'accouchement d'une reine. Ici, la souveraine est assistée par ses servantes. En haut à droite, se trouve probablement un médecin. Mais pour les personnes de condition plus modeste, l'accouchement se passait parfois dans l'isolement et dans de mauvaises conditions d'hygiène. Les médecins arabes n'ont pas manqué d'invoquer ce sujet dans leurs traités.
Ibn Sînâ a écrit plusieurs chapitres surles conditions d'hygiène corporelle et la santé physique et mentale non seulement des nouveau-nés, mais aussi de leur mère et de leur nourrice.
Al-Harîrî, *Maqâmât*, XIIIᵉ siècle.
Bibliothèque nationale de France, Arabe 5847, fol. 122 v°.

grecque, arabe et indienne. Il n'oublie d'ailleurs pas d'y ajouter ses propres observations et dédie l'ensemble au calife al-Mansur (l'ouvrage s'appelle le *Kitab al-Mansuri*). Au XIIe siècle, Gérard de Crémone le traduira en latin, en vingt-cinq volumes.

Mais al-Razi est surtout connu pour ses nombreuses études et découvertes sur le terrain. Il semble avoir fait des observations nouvelles sur la rubéole et, surtout, il « découvre » la variole et la rougeole, c'est-à-dire qu'il en identifie les symptômes et en partie les causes. Cette découverte a lieu entre 899 et 910. Il repère également de nombreuses maladies infectieuses par voies sanguines. On relève de sa part la description d'un millier de cas. Il évite volontairement de donner un nom de maladie afin que la description se réfère uniquement aux symptômes, que l'idée qu'on puisse s'en faire ne soit pas influencée par l'évocation d'un nom.

Comme al-Razi et Ibn Sina, al-Bîrunî bénéficia d'un immense prestige. Savant universel (à la fois mathématicien, astronome, géographe, géologue), il s'intéressa également à la médecine, rédigeant de nombreux traités. Ce manuscrit qui reprend l'un de ces textes, évoque notamment la césarienne.
Al-Bîrunî, manuscrit du XIVe siècle.
Bibliothèque de l'Université d'édimbourg. © Roland et Sabrina Michaud/Rapho.

Al-Razi s'intéresse également à l'alchimie. Il a écrit vingt et un traités sur le sujet. Un seul nous est parvenu, le *Livre secret des secrets*, dans lequel, entre autres choses, il décrit l'équipement de l'atelier d'alchimie idéal.

Ibn Sina, appelé par les Latins Avicenne (980-1037), est, de loin, le plus illustre des savants arabes du Moyen Âge. Non content d'entreprendre un recensement encyclopédique de toutes les connaissances de son temps, il les fait avancer avec ses propres découvertes. Ibn Sina est d'abord un philosophe de haut niveau, établissant un système cosmogonique. C'est un « animal » politique, portant sa réflexion à tous les niveaux de la gestion de l'État. Il maîtrise non seulement les différents domaines de la science, la physique comme les sciences naturelles, la médecine, la métaphysique et l'alchimie, mais s'avère également un grand mathématicien, tant dans les secteurs de l'algèbre que de la géométrie, et un talentueux artiste, s'adonnant à la littérature, la poésie et la musique.

Nous possédons de nombreux renseignements biographiques au sujet des débuts d'Ibn Sina. Une bonne partie provient de ses propres écrits. A-t-il vraiment possédé à dix ans le Coran ? A-t-il donné à dix-sept ans ses premiers cours de médecine ? Il semble en tout cas avéré qu'il a guéri à dix-sept ans le sultan al-Mansur, ce qui lui a permis d'avoir accès à sa prestigieuse bibliothèque, lieu idéal pour accomplir son programme d'apprentissage de tous les domaines du savoir.

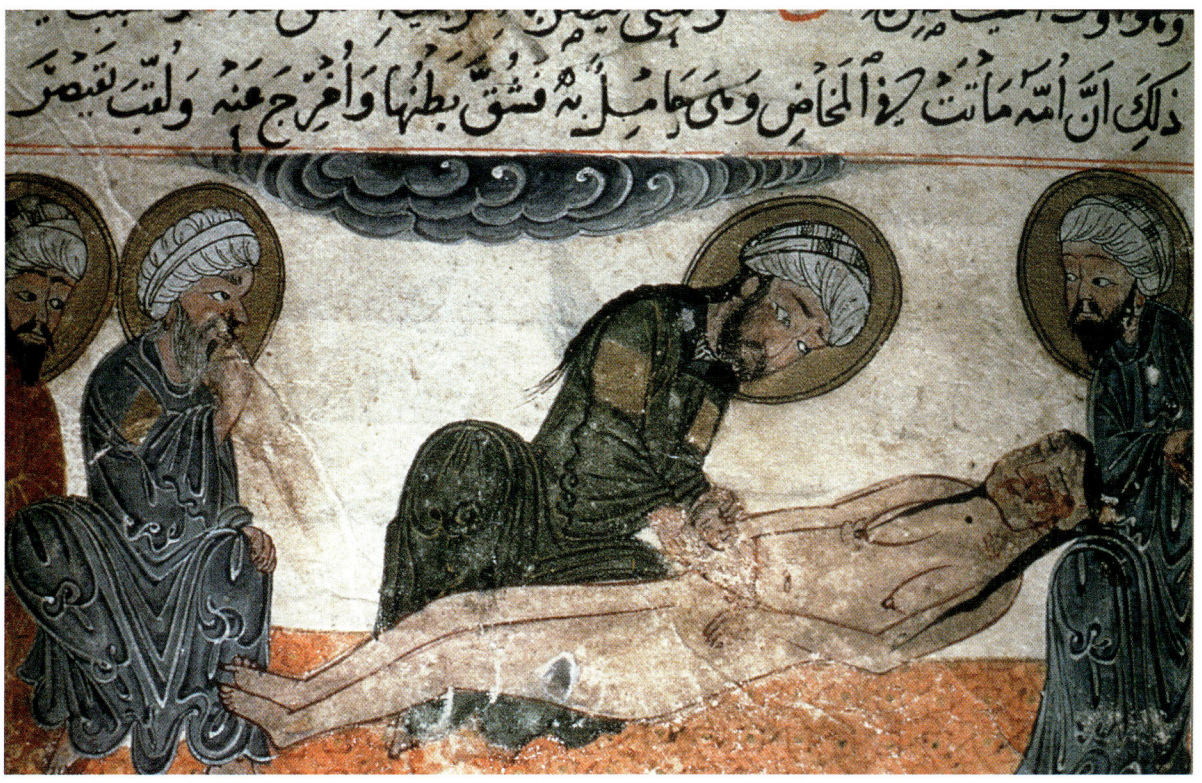

À un savoir démesuré s'ajoute une vie pleine de péripéties. Ainsi, la bibliothèque d'al-Mansur est détruite par un incendie. On accuse Ibn Sina, dont les talents suscitent bon nombre de jalousies, d'en être responsable. Commence alors une vie d'errance, Ibn Sina parvenant chaque fois à trouver un refuge et un nouveau protecteur, jusqu'à ce qu'un événement (un différend ou la mort du protecteur) l'oblige à reprendre son bâton de pèlerin.

Du corpus gigantesque d'Ibn Sina, deux livres se dégagent : tout d'abord le *Livre de la guérison des âmes*, œuvre encyclopédique qui rivalise avec le corpus aristotélicien. Après 1023, il rédige son autre grand succès, le *Canon de la médecine*, divisé en cinq livres ; c'est un résumé complet de toutes les connaissances médicales et pharmaceutiques connues à ce jour, enrichi par les apports personnels du médecin Ibn Sina dans tous les domaines de cette science. Citons trois exemples. Il donne une définition du cœur comme élément fonctionnel qui agit sur l'ensemble du corps et de sa vitalité ; il identifie la pleurésie et contribue largement à la

connaissance des méningites. Ses descriptions des phénomènes de l'hémiplégie restent toujours en grande partie valables, de même pour le diabète.

Philosophe, Ibn Sina a une cosmogonie unitaire, rassemblant la totalité des êtres, issus d'un être premier, y revenant après leur mort. Aussi ne croit-il pas à l'immortalité de l'âme. Ibn Sina ne croit pas non plus

En haut.
Al-Razi (ou Rhazès pour les Occidentaux), peut-être le plus grand médecin du monde arabe. À partir du XIIIᵉ siècle, Gérard de Crémone se lança dans la tâche colossale de traduire, non seulement les corpus des savants arabes, tel al-Razi, mais aussi le *Canon de la médecine* d'Ibn Sina. C'est à ce passionné que nous devons en Occident la connaissance indispensable des écrits de ces deux géants de la médecine. Toutefois, l'Occident fut loin de connaître tous les apports de la science arabe et l'œuvre d'al-Bîrunî, par exemple, ne connut pas de traduction latine au Moyen Âge.
Al-Râzî, Gerardus Cremonensis (traducteur), *Recueil de traités de médecine*, 1250-1260.
Bibliothèque municipale d'Avignon, ms. 1019, fol. 86 v°. Photo IRHT.

À gauche.
Préparation de la thériaque, antidote contre les morsures de serpent. Remède indispensable pour un peuple de voyageurs qui traversaient régulièrement des contrées dangereuses. Les médecins eux-mêmes (Ibn Sina, al-Bîrunî pour ne citer qu'eux) ne cessent de se déplacer. La recette de la thériaque remonte à l'Égypte et à la Grèce anciennes. Les sources arabes attribuent son origine à neuf médecins grecs. Le personnage représenté ici est Abrâqlidis, l'un de ces médecins, que l'on voit peser les différents ingrédients contenus dans les fioles.
Pseudo-Galien, *Livre de la thériaque*, Haute Mésopotamie, 1199.
Bibliothèque nationale de France, Arabe 2964, fol. 17.

à la création du monde à un moment donné, mais pense plutôt que ce monde a toujours été.

Savant, il est le premier à remettre en cause le principe des quatre éléments en chimie, considérant que cette science doit au contraire permettre de trouver des éléments nouveaux et d'explorer d'autres domaines.

Avicenne (Ibn Sina) au chevet d'un malade. Le « Prince de la Médecine », ainsi qu'il fut surnommé, devint aussi célèbre en Occident qu'en Orient, rejoignant Hippocrate et Galien dans la galaxie des grands médecins. Son *Canon de la médecine* sera, après l'invention de l'imprimerie à caractères mobiles, le second livre le plus publié, juste après la Bible, au XVIe siècle !
Miniature persane, 1431.
Istanbul, Musée des Arts turcs et islamiques. © Roland et Sabrina Michaud/Rapho.

L'apparition de l'horloge *mécanique*

La première horloge connue.

C'est au tout début du VIIIe siècle que le moine Yi-hing (Yixing) invente l'horloge astronomique à échappement à eau. L'idée de se servir de l'écoulement du liquide pour marquer l'heure existait dans bon nombre de civilisations un millénaire avant notre ère. Quelques perfectionnements sont certes apportés par les Grecs, inventeurs de la clepsydre, mais ces engins nécessitent néanmoins toujours une surveillance humaine constante. L'innovation de Yi-hing est qu'il parvient à donner une régularité automatique fiable à son horloge. L'idée est de faire tourner une roue au fur et à mesure que des godets de même taille remplissent un réservoir ; sachant que chaque fois qu'un godet est plein, il déclenche un mouvement de la roue du fait du poids qu'il a désormais. L'appareil est constitué de telle sorte que le remplissage met chaque fois exactement le même temps. Peut-on dire pour autant que les secondes et les minutes sont déjà calculées telles qu'elles le seront par exemple au XIVe siècle ? Difficile de répondre. Il semble plutôt qu'il s'agisse là d'un appareil dont la finalité soit la performance : il met en valeur le talent du concepteur, celui du fabricant (c'est la même personne) et le gage de respect qu'il donne au destinataire (le souverain chinois, un haut dignitaire…). En soi, que le temps soit rigoureusement compté n'a sans doute pas réellement d'importance.

En Occident, un siècle après l'invention de Yixing, on en est toujours à la clepsydre (Charlemagne en possède une). On utilise aussi parfois le sablier. Par la suite, les Arabes inventent également une horloge à feu : des bougies font tomber, en brûlant les cordes qui les retiennent, des poids de façon plus ou moins régulière, lesquels déclenchent un mécanisme censé se produire à chaque heure. Toutefois, la fiabilité de ce genre d'appareil est loin d'être prouvée.

On a vu que l'astrolabe avait été conçu par les Arabes non seulement pour perfectionner les études astronomiques, mais également pour connaître l'heure de la nuit. On considère néanmoins que les premières horloges mécaniques apparaissent au début du XIe siècle. D'une manière générale, la question du temps devient cruciale en Occident. Que ce soit dans les monastères irlandais ou dans l'Empire carolingien, on réfléchit sur le calcul de la date de Pâques et des cycles périodiques (lunaires, solaires et autres) utilisés pour la datation des documents. Charlemagne ordonne que le comput pascal soit enseigné dans les écoles supérieures ; Bède le Vénérable, le grand intellectuel de l'époque, est concerné de très près par ces recherches.

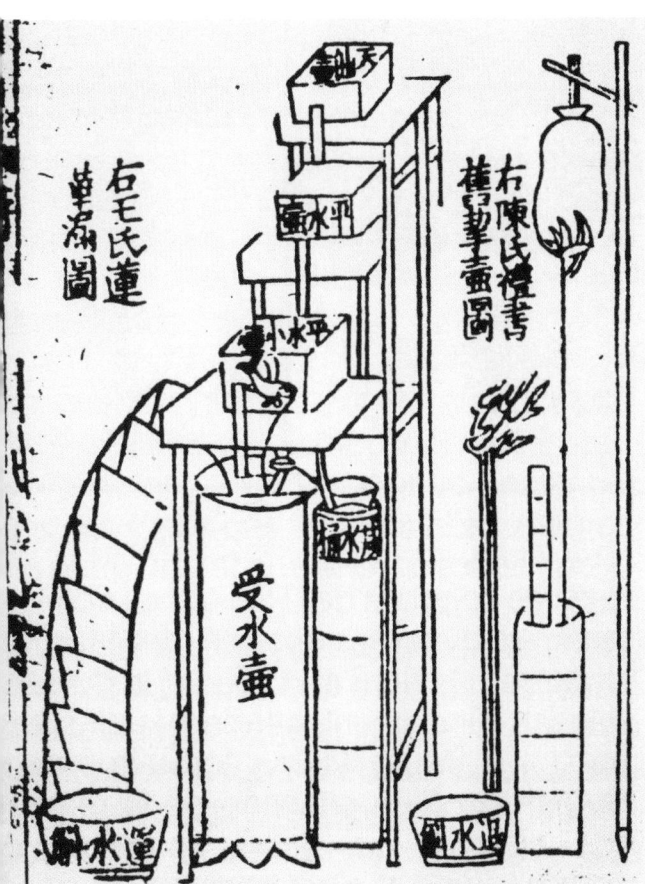

La clepsydre (celle-ci est chinoise) est une horloge à eau au mouvement gradué. Cette image datant du XIIe siècle est la plus vieille représentation d'une clepsydre, mais il y a bien longtemps que les Chinois fabriquent des engins de cette sorte.

Xylographie extraite d'une encyclopédie chinoise, XIIe siècle.

© Roland et Sabrina Michaud/Rapho.

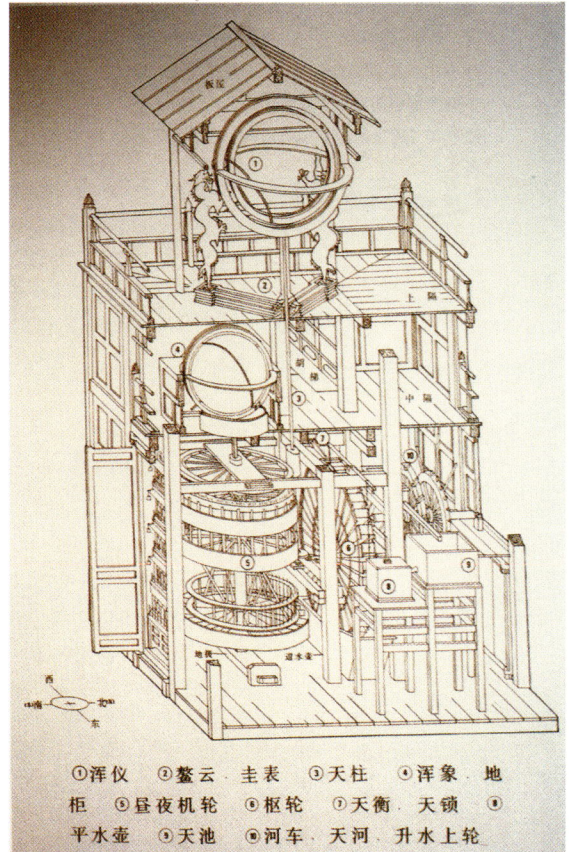

① 浑仪 ② 鳌云 圭表 ③ 天柱 ④ 浑象 地
柜 ⑤ 昼夜机轮 ⑥ 枢轮 ⑦ 天衡 天锁 ⑧
平水壶 ⑨ 天池 ⑩ 河车 天河 升水上轮

À gauche.
La fameuse horloge de Su Song, engin d'une incroyable complexité. A sa mort, son inventeur emporta le secret de sa fabrication avec lui. C'est sans doute l'une des raisons pour lesquelles cette machine ne fut pas connue en Occident, outre le fait que les Chinois ne diffusaient pas volontiers leurs inventions. C'est grâce à une autre invention chinoise, la xylographie, que nous avons une vision aussi nette de cette merveille.
Horloge de Su Song, xylographie extraite
d'un manuscrit d'astronomie du XIe siècle.
© Roland et Sabrina Michaud/Rapho.

Ci-dessous.
Al-Djazari, qui vécut à la fin du XIIe siècle et au début du XIIIe en Anatolie orientale (actuelle Turquie), a réalisé avec son *Livre de la connaissance des procédés ingénieux* (1206) un sommet du genre des ouvrages technologiques. Ici, un système mécanique d'horlogerie.
Al-Djazari, *Livre de la connaissance
des procédés mécaniques*, manuscrit Seldjoukide, 1206.
Istanbul, Bibliothèque de Topkapi. Photo Dagli Orti.

À la fin du Xe siècle, enfin, un jeune homme, Gerbert d'Aurillac, devenu précepteur du prince impérial à la cour d'Othon Ier d'Allemagne, fabrique de ses propres mains une horloge à eau bien plus perfectionnée que ce que l'Occident connaît jusque-là. Mais, pratiquement la même année, en 979, le Chinois Tchang Seu-hium construit une horloge à mercure.

L'invention de l'horloge mécanique

Au XIe siècle, la mesure du temps fait des progrès spectaculaires. Le mathématicien chinois Chao Yong (1011-1077) parvient en effet à calculer la longueur de l'année avec une précision stupéfiante (soit une approximation d'à peine quatre secondes). Entre 1088 et 1092, l'astronome chinois Su Song (1020-1101) fabrique à Kaifeng ce qui est peut-être la première horloge mécanique de l'Histoire : d'une hauteur de 9 à 10 mètres, elle est basée sur une roue à godets dont chaque récipient, sous l'effet de la rotation, se remplit d'eau en vingt-quatre secondes. Ce mouvement est provoqué par l'eau qui s'écoule de plusieurs réservoirs. Un axe vertical déclenche à son tour la mise en marche de différents éléments, tels automates, cloches et gongs.

On pense que si le monde occidental est resté dans l'ignorance d'une découverte de cette ampleur, c'est qu'en Chine les astronomes officiels gardent jalousement le fruit de leurs recherches considérées comme

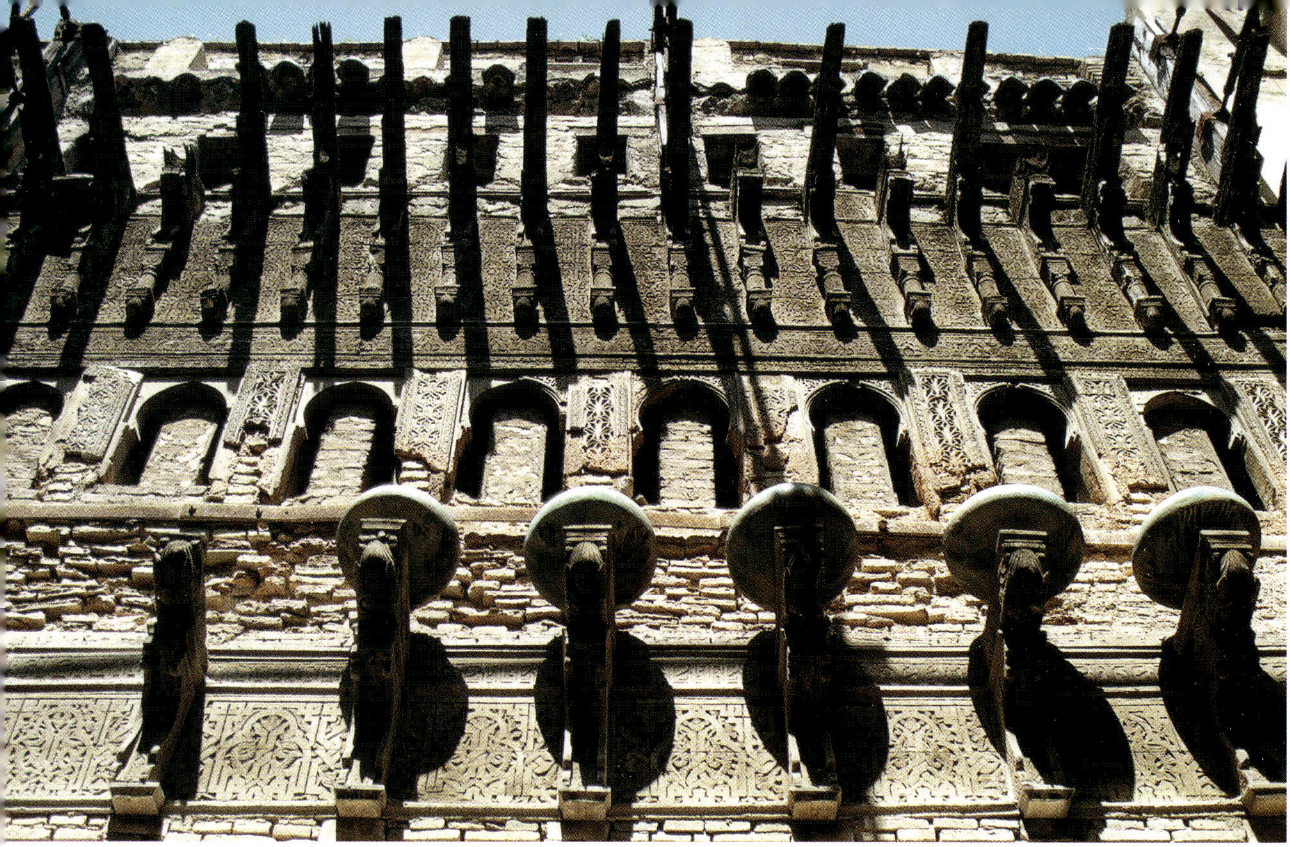

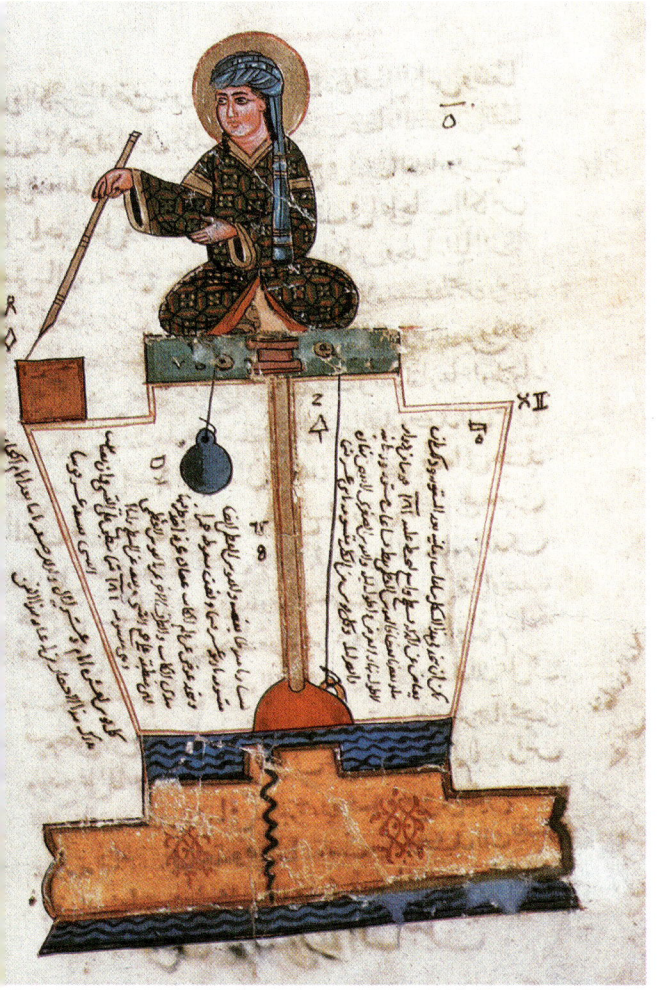

de quasi-secrets d'État. Toutefois, à la même époque, vers 1085, l'astronome arabe Azarquiel construit deux fontaines-horloges également très perfectionnées, qui indiquent à la fois les heures et les phases de la Lune. On les trouve près de la ville de Tolède, sur le bord du Tage. Le mécanisme est mis en marche grâce à de l'eau conduite artificiellement jusqu'à des urnes de pierre, absolument identiques, qui sont remplies à ras bord lors de la pleine lune et qui sont vidées à moitié lorsque la lune devient elle-même demi-pleine. Un siècle plus tard, une autre horloge à eau, d'une taille monumentale, est érigée à Damas. Un mécanisme extrêmement subtil, à partir de deux boules tombant dans des écuelles, met en marche des automates et des portes dont chacune correspond à une heure qui vient de s'écouler. On voit ici une magnifique métaphore d'un temps écoulé qui se referme devant nous. Une nouvelle fois, les savants arabes joignent l'apport artistique et symbolique au progrès technique.

Pour l'Occident le temps concret est celui de l'Église, rythmé par les cloches qui annoncent les offices religieux, parfois par quelques cadrans solaires ou par des clepsydres, des sabliers imprécis. Le temps était celui du passé, celui des événements référentiels, exemplaires, celui de l'histoire des saints, des grandes étapes du christianisme. Mais déjà au XIIᵉ siècle, la corporation des marchands, pour réaliser ses transactions, respecter les commandes et les délais, pense à une autre gestion du temps.

GERBERT D'AURILLAC (V. 938-1003), UN INVENTEUR DEVENU PAPE

Né en Auvergne, d'origine modeste, Gerbert entre au milieu du Xᵉ siècle au monastère de Saint-Géraud d'Aurillac. Le comte de Barcelone, de passage au monastère, remarque ce garçon doué et l'envoie prolonger ses études en Catalogne, à Vich. À cette époque, l'Espagne est divisée entre l'espace chrétien et l'espace arabe, mais, malgré leurs affrontements, les deux civilisations échangent leurs savoirs. C'est ainsi que Gerbert a l'occasion d'apprendre, outre la science du quadrivium, une partie de la science arabe. En 970, il se rend à Rome en compagnie de l'évêque de Vich. Une nouvelle fois, Gerbert se fait remarquer, cette fois par le pape en personne. C'est l'époque où le souverain pontife collabore avec l'empereur d'Allemagne pour la restauration du savoir et de la foi, selon le principe de Charlemagne. En 972, Gerbert part à Reims pour y enseigner. C'est là qu'il s'illustre, dix ans durant, son nom connaissant un prestige exceptionnel. Pour enseigner, il utilise des globes qu'il fabrique lui-même. Mais il apprend aussi à ses élèves la musique, toujours peu connue en France. En 983, Gerbert reprend ses itinérances. Il devient abbé de Bobbio, en Italie. C'est sans doute alors qu'il prend contact avec l'abbaye catalane de Santa Maria de Ripoll, où les textes scientifiques islamiques sont traduits, pour la première fois, dans un latin arabisé. D'esprit ouvert comme on l'a vu, il s'empresse d'assimiler l'essentiel de la culture arabe, mais c'est de toute façon toute la culture universelle (y compris païenne) qui l'intéresse. Gerbert semble d'ailleurs être le premier Occidental à avoir utilisé les chiffres indo-arabes (qui ne s'imposeront vraiment en Europe qu'au XIIIᵉ siècle). Gerbert revient à Reims en 989, non plus pour enseigner, mais pour y occuper le siège d'archevêque ! En 998, il repart pour l'Italie où il est devenu archevêque de Ravenne. C'est alors un personnage d'une stature exceptionnelle. À la fois linguiste, mathématicien, astronome, géomètre, mécanicien, musicien, il est reçu à la cour d'Allemagne où le nouvel empereur Othon III se prend d'amitié pour lui.

Gerbert y fabrique un appareil qui indique l'heure pendant la nuit, sans doute un astrolabe, à partir de ce qu'il a pu lire dans les traités arabes. Il construit également une horloge à eau, semble-t-il assez perfectionnée. On lui attribue d'ailleurs la découverte de l'échappement et du régulateur, mais le fait n'est pas prouvé. Il a en tout cas construit des cadrans solaires et, plus surprenant, un orgue à vapeur. Enfin, en 999, il devient le premier pape français sous le nom de Sylvestre II. Autrement dit, le pape de l'an mil. Un pape mécanicien, qui continue d'écrire des traités et de construire des machines étonnantes, si bien qu'il finit même par être accusé d'hérésie. Sa mort en 1003 empêche peut-être un conflit entre lui et certaines autorités religieuses.

Les Vikings inventent les drakkars
et explorent les terres arctiques et américaines

Les Vikings sont un peuple parfaitement organisé, vivant sous l'autorité de lois et s'occupant de commerce. C'est d'ailleurs cette activité qui les amène à l'origine à circuler à travers l'Europe, négociant aussi bien avec les royaumes occidentaux qu'avec l'Empire byzantin ou le monde arabe, se rendant même jusqu'en Chine (on a retrouvé nombre d'objets en provenance de l'empire Tang). À l'inverse du reste de l'Europe, la Scandinavie, qui est en pleine prospérité, connaît une poussée démographique importante. De nombreux fils cadets, qui ne peuvent hériter de leurs parents, partent à l'aventure. Ce sont d'abord des opérations de pillages, puis, devant la facilité de ces raids, face à des adversaires impuissants, les chefs vikings se lancent dans des conquêtes. Il faut dire qu'ils n'ont cessé d'innover dans le domaine maritime. Ainsi, à la traditionnelle pirogue, taillée entièrement à partir d'un tronc d'arbre, succède, vers l'an 300 de notre ère, un bateau qui rassemble cinq bordages de chaque côté, entre l'étrave et l'étambot. À partir du début du VIIIe siècle, on passe à huit bordages, rassemblés en une seule section, cependant qu'une quille en forme de T est taillée dans le cœur du tronc d'un chêne. Les plus grands drakkars contiennent trente rangées de rameurs, comme le *Long-Serpent* d'Olav Tryggvason, pouvant transporter jusqu'à 90 hommes. Il semble que certains bateaux pouvaient contenir 200 hommes !

À partir du moment où ils possèdent des drakkars ainsi conçus et munis de voiles, les Vikings se transforment en conquérants. À présent qu'on connaît mieux l'histoire du climat, il est possible d'affirmer que la mer du Nord et les eaux séparant le Groenland de Terre-Neuve étaient plus clémentes. On retrouve ainsi les Vikings dans l'île de Man, les îles Orcades, aux Hébrides, aux Shetland et, plus étonnant encore, aux Féroé. Partout, ils rencontrent des moines irlandais. Il semble que le contact fut relativement pacifique.

Vers 870, des Norvégiens, Ingolfur Arnarson, sa femme Hallveig Frodadottir ainsi que Leif Hrodmarsson atteignent les côtes islandaises (où se trouvaient déjà des Irlandais). Ils fondent en 874 Reykjavik dans la « baie des Fumées » et commencent la colonisation de l'île qui est presque inhabitée. Quelques décennies plus tard, vers 930, 430 familles de colons se trouvent sur place.

Vers 980, Erik le Rouge quitte l'Islande et part plus loin encore vers l'ouest, où on raconte qu'un certain Guunbjorn Ulfsson aurait trouvé une autre terre quelques années plus tôt. Erik finit par aborder, remontant vers le nord, une côte glacée, peu hospitalière, peu colonisable. Il reprend son voyage, double un cap et se retrouve sur la côte occidentale de cette île qui paraît bien plus importante que l'Islande. Il s'y installe. Les Vikings donneront à cette terre le nom de « Terre verte » (Groenland).

En 983, Hari Marson quitte la route menant à la côte occidentale du Groenland et navigue jusqu'à celle d'une région qui pourrait correspondre à la baie Cheasapeake. En 986, Bjarn Heriulfson, venu d'Islande, s'apprête à rejoindre Erik le Rouge au Groenland. Mais il se perd en cours de route et atterrit sur des terres inconnues qui pourraient bien être Terre-Neuve. Bjarn retrouve le Groenland et, aussitôt informé, Erik décide d'envoyer une expédition dans cette nouvelle contrée inconnue. Son fils Leif part à la tête d'une flotte à la recherche de ces terres. Après avoir retrouvé ce qui est très probablement Terre-Neuve, il arrive dans la baie de Rhode Island, appelée « Vinland » par les Vikings,

Un drakkar viking. Ces navires sont la preuve du grand sens technologique développé par ceux qui furent trop longtemps considérés comme des « barbares ».
Manuscrit Anglo-Saxon, 1025.
British Library. Photo akg-images.

allusion au vin qu'on peut y récolter. Leifsbudir, la ville de Leif, est construite. Les expéditions vikings au Vinland dureront jusqu'au XIVᵉ siècle, époque où les derniers colons scandinaves disparaîtront.

Le premier régime parlementaire

En 885, en Norvège, Harold Haarfager soumet à son autorité tout le pays, ce qui provoque l'émigration de nombreux Norvégiens vers les îles Britanniques, mais également vers l'Islande. Aussi, au début du Xᵉ siècle, il devient urgent d'organiser la vie d'une population de plus en plus nombreuse. C'est ainsi qu'est fondée en 930 l'Althing, ou Assemblée des hommes libres. Elle se tient près du Sneffels, le célèbre volcan islandais. C'est le plus vieux parlement du monde. Cette assemblée subsistera jusqu'en 1261, époque à laquelle l'Islande passa sous la domination des rois de Norvège. Mais, de nos jours, l'Althing est à nouveau active.

En 930, il n'y a pas à proprement parler de gouvernement central, et encore moins de monarchie établie. L'Althing se charge donc de promulguer les lois et de rendre justice, servant de tribunal aux habitants de l'Islande. On peut donc parler ici d'une véritable république existant au cœur d'un continent acquis aux royautés ou aux empires. Un autre parlement, créé par des Vikings, le Tywald, existe en parallèle à l'île de Man.

Toutefois, en 987, lorsque le dernier roi carolingien est déposé, Hugues Capet, « élu » roi de France, règne en collaboration avec une *curia regis*, une cour du

roi composée de comtes et d'évêques, qui a quelques ressemblances avec une assemblée parlementaire. En Grande-Bretagne, les Anglo-Saxons ont aussi une assemblée, le Witenagemot. Mais c'est encore sous l'influence de « Vikings », en l'occurrence les Normands de Guillaume le Conquérant, que va s'instaurer un parlement plus élargi en Angleterre, suite à la conquête de cette dernière. Le parlement anglais naît au XIᵉ siècle et va étendre ses pouvoirs au début du XIIIᵉ siècle, sous le règne de Jean sans Terre qui, sous la pression des mécontents, devra signer la célèbre Grande Charte, toujours en vigueur de nos jours, accordant une liberté plus grande aux « hommes libres » : à l'origine, aux nobles, mais par la suite, à tout citoyen anglais.

MARCI FABII QVINTILIANI
institutioni
oratoriai
ad victor
marcelli
liber inc
Reviter
hoc poti
simvm lc
co trj
ctan
qve
tio
vtil
he si
do cot
atq iat
privatos par 10
tes stvdentem continere ah t
qventie scolarvm et vel v

I cap.

XIᵉ-XIIIᵉ SIÈCLE

L'OCCIDENT VOLE
LA VEDETTE À L'ORIENT

A partir du XIᵉ siècle, les données internationales changent : l'Occident, très en retard sur l'échiquier mondial, en dépit des efforts de Charlemagne, connaît un nouvel essor dans la seconde moitié du XIᵉ siècle. Des progrès dans le domaine de l'agriculture permettent un renouveau démographique. Des gouvernements stables (les Normands en Angleterre, les Capétiens en France) font émerger de grandes puissances. Des politiques culturelles, déjà en partie mises en place par Charlemagne, connaissent une certaine ampleur, en même temps que les croisades accentuent les relations (pas simplement guerrières) entre l'Occident et l'Orient. Enfin, dès le XIIᵉ siècle, les premiers explorateurs occidentaux ouvrent la voie vers la Chine et les avancées techniques et scientifiques vont de l'Orient à l'Occident : les philosophes anglais, français, allemands et italiens vont reprendre à leur compte cette science venue des mondes arabes, chinois et indiens (mais parfois avec une source grecque), et vont lui donner une nouvelle impulsion, au point de construire ainsi les prémices de notre société moderne.

Sous l'impulsion d'Adalard de Bath pour l'Angleterre et la France, de Constantin l'Africain pour les puissances du sud, puis des grands maîtres de l'école de Chartres (Thierry de Chartres, Guillaume de Conches), l'Occident reprend à son compte les connaissances antiques et arabes, y apportant ensuite sa contribution. Celle-ci est bien sûr en partie intellectuelle, mais surtout technique. L'exemple du papier est très révélateur : les Chinois en sont les inventeurs. Mais le papier est à l'usage de l'administration impériale ; dans l'ensemble, les inventions chinoises restent de diffusion réduite ; les Occidentaux, au contraire, sont rapidement devenus maîtres en matière de promotion et de diffusion : dès le XIIᵉ siècle, les bases de l'économie de marché sont posées et, dès que la recette du papier arrive en Italie, sa fabrication est aussitôt industrialisée (grâce aux moulins) et commercialisée. Différence qui explique comment l'Occident, si en retard dans tant de domaines, va finalement prendre le pas sur les autres civilisations.

Page de gauche.
**Un exemple d'illustration des livres médiévaux : une lettre historiée
représentant deux scènes, chacune symbolisant soit un sujet du livre,
soit la façon dont ce livre fut conçu. Ici, un moine copiste et un harpiste
dans la lettre historiée B d'un ouvrage du XIIᵉ siècle.**
De Institutione oratoria, XIIᵉ siècle.
Bibliothèque nationale de France, Latin 14146, fol. 47 v°.

Une extraordinaire innovation technique : *le moulin à eau*

S'il fallait désigner l'invention la plus importante du Moyen Âge en Occident, c'est sans aucun doute le moulin qui l'emporterait, tant il a transformé le quotidien et l'économie du continent européen.

Les premiers moulins

En 290 avant notre ère, les Chinois utilisent déjà des marteaux-pilons actionnés par des pièces tournantes (appelées de nos jours des « cames »). Ils semblent toutefois ne s'en servir que pour décortiquer le riz. Il faut attendre l'époque des empereurs Tang et des réformes agricoles pour voir subitement les arbres à cames prendre plus d'importance.

En Occident, on connaît également, sous l'Empire romain, le principe du moulin à eau, mais Rome dispose des esclaves pour les moulins à bras, et s'en contente. Au Ve siècle, dans l'Empire byzantin, on installe des moulins le long des cours d'eau, capables d'exploiter le flux continu de l'eau. Chez les Mérovingiens aussi, le moulin à eau commence à faire concurrence aux moulins à bras ou à traction animale.

Le monde arabe se servait des norias, une grande roue verticale grâce à laquelle l'eau est soulevée et pénètre dans des godets. Mais le but était plutôt de se procurer de l'eau que de s'en servir comme d'un moteur.

Une noria chinoise.
Xylographie chinoise du XVIIIe siècle.
© Roland et Sabrina Michaud/Rapho.

L'industrie du moulin

C'est au IXe siècle que commencent à se systématiser en Europe la fabrication et l'utilisation du moulin à eau, du fait du perfectionnement de l'élaboration des « arbres à cames », permettant une grande variété

Un moulin à eau en Angleterre. On en relevait déjà plus de 5 500 sous Guillaume le Conquérant !
Luttrell Psalter, 1340.
British Library. Photo akg-images.

ſertus eſt dominus timentibus
quoniam ipſe cognouit figmen

dans les opérations industrielles. Les moines cisterciens s'intéressent particulièrement à cette invention. Pratiquement tous les premiers moulins, notamment à fer, utilisés en Angleterre, en Allemagne, en Italie et même en Scandinavie, appartiennent à leur ordre. Mais, à partir du XIᵉ siècle, tous les grands établissements religieux, qu'ils soient cisterciens, bénédictins ou cartusiens, possèdent un ou plusieurs moulins.

La diversification

L'utilisation de ces moulins est extrêmement variée. En 987, à Montreuil-sur-Mer, on signale un moulin à bière. Puis, c'est le chanvre, le foulon ; plus tard, on construira des moulins à aiguiser, des moulins à moutarde et des moulins à pastel. On peut se servir des moulins pour écraser le grain ou tanner les peaux. Mais c'est sans doute le moulin à fer qui suscite le plus grand intérêt. En France, au XIIᵉ siècle, on en trouve principalement dans le sud-ouest, notamment dans l'Ariège.

À droite.
Une illustration des étonnantes machines d'al-Djazari.
On distingue bien les godets qui, au fur et à mesure
qu'ils se remplissent d'eau, font bouger un cran du disque,
ce qui enclenche le reste du mécanisme.
Al-Djazari, *Livre de la connaissance des procédés mécaniques*, 1206.
Istanbul, Bibliothèque de Topkapi. © Roland et Sabrina Michaud/Rapho.

Ci-dessus.
Une noria à Hama (Syrie).
© Roland et Sabrina Michaud/Rapho.

Une invention peut en rejoindre une autre. Au XIIIᵉ siècle, le papier, importé d'Espagne, arrive en Italie. Le papetier Fabriano utilise alors un moulin à papier mû par l'énergie hydraulique. En France, le plus ancien moulin à papier serait celui de Richard-de-Bas, sur la Dore (Puy-de-Dôme). En 1326, il fabriquait du papier et il en fabrique encore.

Au VIIᵉ siècle, tant en Chine qu'en Afghanistan, on trouve des moulins à vent, les plus anciens en tout cas qui nous soient signalés.

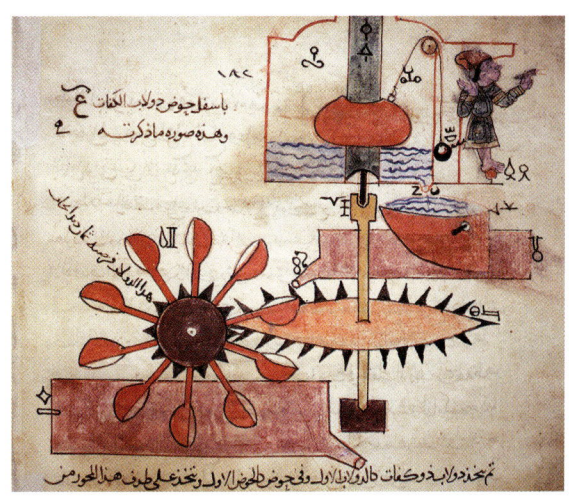

Progrès de l'optique : *lunettes*
la naissance des lunettes

L'optique est l'un des domaines scientifiques qui passionnèrent le plus les savants arabes. Dès le Xe siècle, les Arabes s'intéressent aux phénomènes de réflexion et de réfraction. Un siècle plus tard, Ibn al-Haytham émet l'idée que c'est l'œil, sensible à la couleur lumineuse, qui attire chaque point d'un objet perçu avant de le reconstituer par le biais du nerf optique. L'étude de l'anatomie de l'œil doit permettre de comprendre ce qui attire les parties lumineuses d'un objet, ce qui distingue les formes, ce qui reconstitue l'apparence de cet objet. Ici un extrait d'un traité d'optique avec le schéma d'un œil et de la vision.

Manuscrit d'ophtalmologie du XIIIe siècle d'après un traité du IXe siècle d'Hunayn Ibn Ishâk.
Bibliothèque nationale du Caire. © Roland et Sabrina Michaud/Rapho.

L'optique : une science arabe

Le monde arabe doit beaucoup aux civilisations grecques et indiennes. Mais il a lui-même apporté ses propres découvertes dans maints domaines, tout particulièrement dans celui de l'optique. Dès le IXe siècle, les Arabes se passionnent pour tout ce qui touche la vision : aussi bien s'agissant de la description de l'œil, la compréhension du mécanisme de la vision, les jeux de miroirs, l'étude des couleurs, ou encore des réalisations artistiques à base de figures géométriques produisant un effet intéressant pour l'œil.

Anatomie de l'œil dans un traité d'optique arabe. L'œil est un miroir, qui attire les images. Mais aussi un mécanisme ingénieux qui communique des informations au nerf optique, puis au cerveau.
Manuscrit d'ophtalmologie du XIIIe siècle, d'après un traité du IXe siècle d'Hunayn Ibn Ishâk.
Bibliothèque nationale du Caire. © Roland et Sabrina Michaud/Rapho.

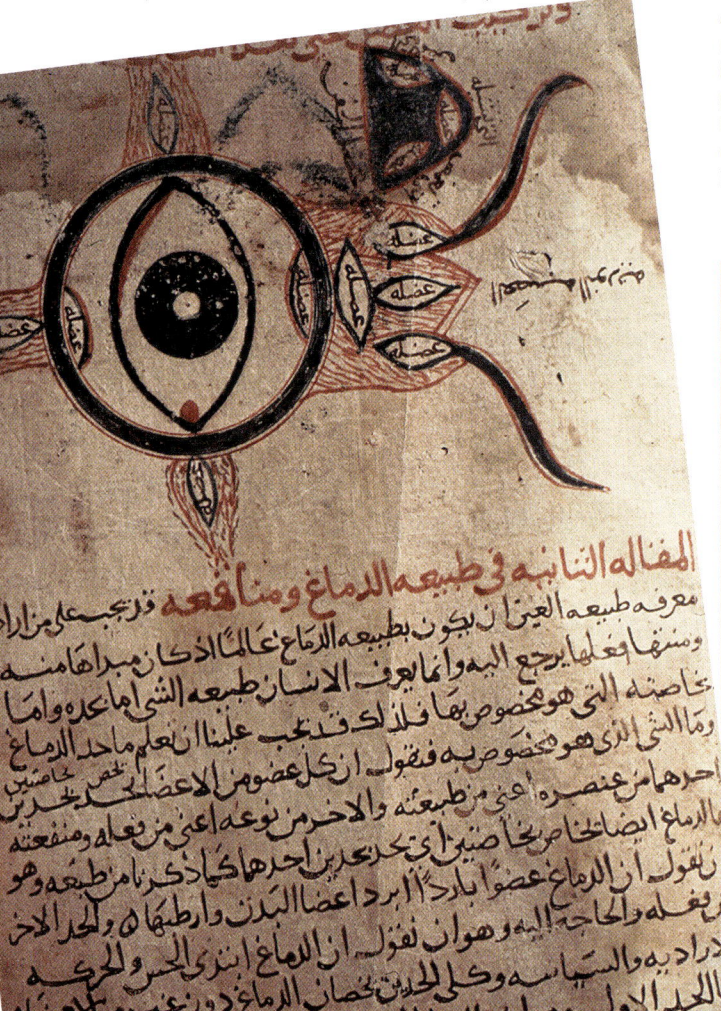

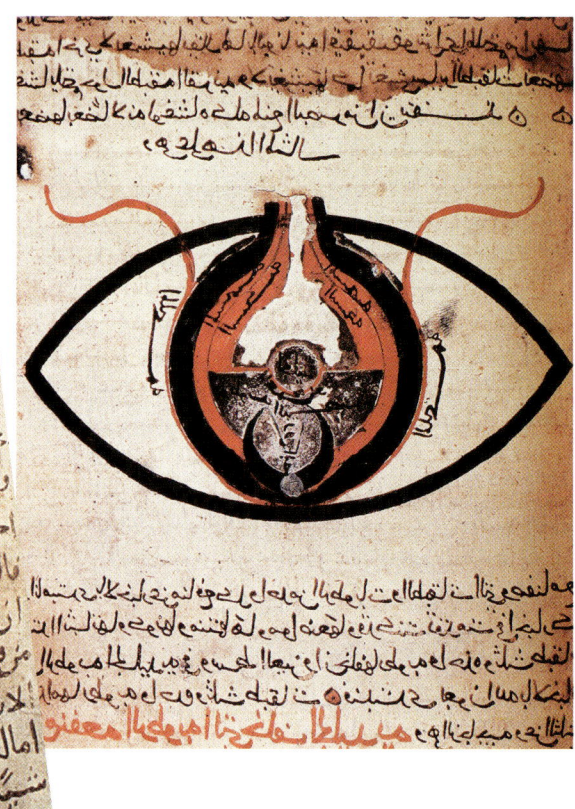

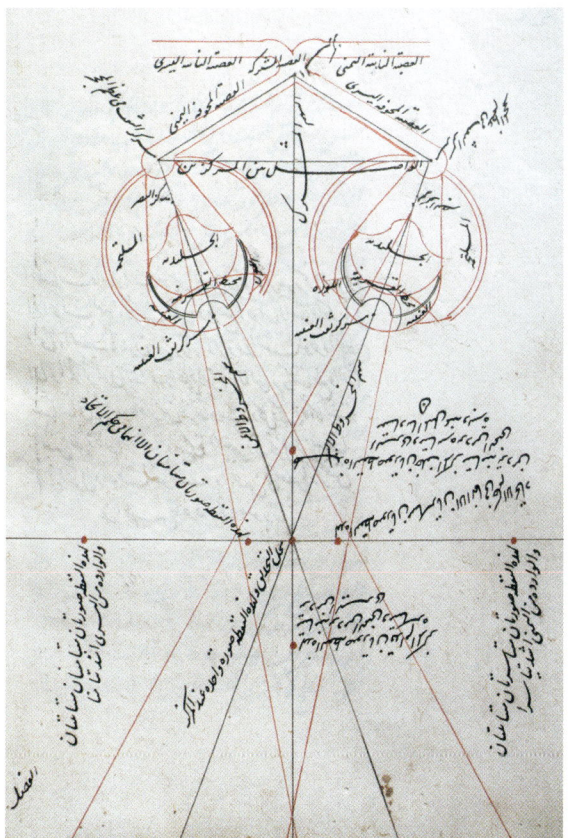

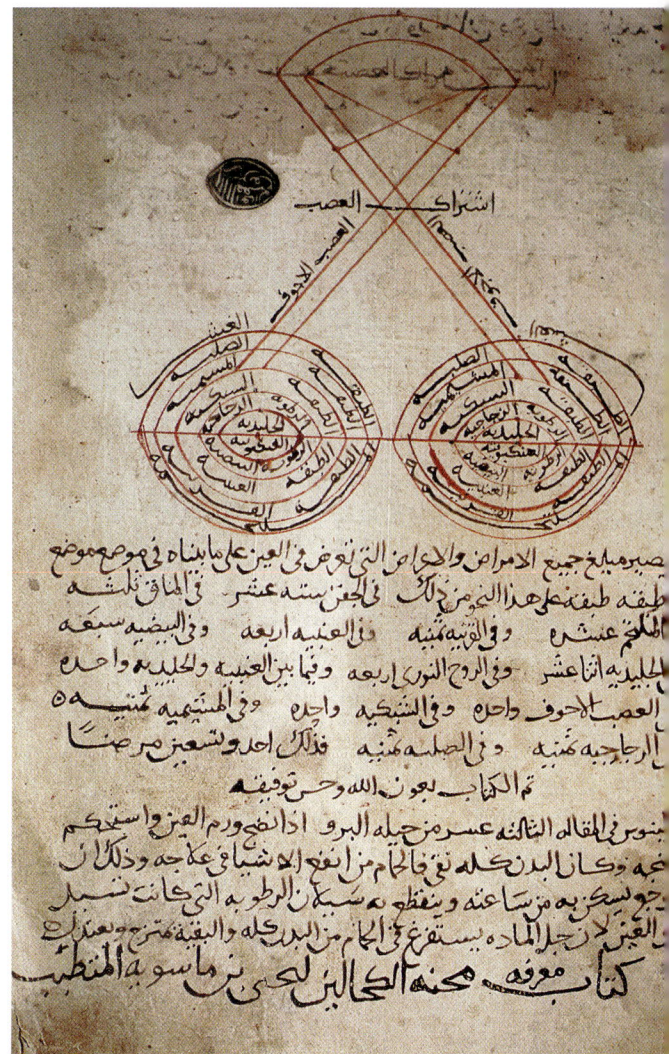

Comment l'image des objets parvient-elle à l'œil avant d'être transmise au cerveau ? Une interrogation qui suscita beaucoup de travaux chez les plus éminents savants arabes, Ibn Sina en tête. Elle continuait de fasciner l'Occident sous Descartes.

Ci-dessus.
Diagramme de Kamal Aldin Al Farabi (XIV) représentant le principe de la *Camera obscura*.
Istanbul, Bibliothèque de Soliman. © Roland et Sabrina Michaud/Rapho.

À droite.
Croisement des nerfs optiques.
Manuscrit arabe d'ophtalmologie.
Bibliothèque nationale du Caire. © Roland et Sabrina Michaud/Rapho.

Les médecins arabes s'intéressent souvent aux maladies des yeux. Très vite apparaissent les lentilles de cristal grossissantes, qui facilitent l'observation et la lecture. Il faut toutefois signaler qu'au cours du Xe siècle les Chinois utilisent des verres grossissants qu'ils enchâssent dans une monture.

Les Arabes sont particulièrement fascinés par la question des renvois d'images, avec toute la part de subjectivité qui en résulte. Les questions de réflexivité et de réfraction sont l'objet de nombreux traités. Ibn Sina, au Xe siècle, nous a laissé une description des muscles moteurs de l'œil. Pour lui, la vision résulte de « l'impression de l'objet sur la rétine et sa transmission par le nerf optique ». L'un des plus célèbres chercheurs en optique, Ibn al-Haytham, qui travaille au Caire au XIe siècle, propose l'idée que c'est par notre regard que nous déclenchons sur la surface d'un objet une forme propulsée par chaque point de cet objet. Les différents points renvoient à l'œil la forme ainsi suscitée qui pénètre dans les différentes parties anatomiques de l'œil. C'est ainsi que la forme de l'objet est reconstituée et transmise au nerf optique. Or, déduction essentielle dans la théorie d'al-Haytham, le regard qui déclenche ainsi ce renvoi de la forme est lui-même dépendant de notre façon d'observer l'objet, de l'appréhender. Ainsi donc, c'est autant le cerveau que le nerf optique qui interviennent dans ce schéma.

Comment soigner les maladies des yeux ?
Ce médecin prépare des gouttes pour son patient.
Recueil de médecine, XIIIᵉ-XIVᵉ siècle.
Bibliothèque municipale de Besançon, ms. 475, fol. 1. Photo IRHT.

Les théories sur la perception

À la même époque, l'Occident s'intéresse à son tour à l'optique et, proche finalement de la proposition d'al-Baytham, une théorie s'affirme pour expliquer la façon dont l'œil perçoit un objet. Baptisée l'*extromission*, elle considère que l'œil émet des rayons ardents en direction de l'objet, ce qui le rend visible. Toutefois, certains savants font remarquer qu'en ce cas, une fois que nous cessons de regarder l'objet, il devrait aussitôt disparaître, or, l'image reste souvent un moment dans notre esprit.

D'où la théorie inverse, qui va s'imposer au XIIIᵉ siècle : l'*intromission*. Selon elle, c'est l'image, et non les yeux, qui émet des rayons.

Toujours est-il que nous savons, par Roger Bacon, qu'en 1268 des lunettes existent en Europe (mais les Chinois utilisent depuis longtemps des verres sur monture). L'Italien Salvino Degli Armati a en effet inventé un procédé nouveau pour donner au verre la forme lenticulaire. Bacon va d'ailleurs s'emparer de cette invention en la perfectionnant, créant ainsi les lunettes achromatiques puis, par la suite, le télescope. Enfin, vers 1286, apparaissent en Europe les lunettes à lentilles convergentes pour presbytes.

Ci-dessous.
Les lunettes de saint Paul. Illustration d'un ouvrage de Guiard des Moulins, réalisée à une époque où Roger Bacon avait diffusé la connaissance de cette invention.
Guiard des Moulins, *Bible historiale*, XIVᵉ siècle.
Bibliothèque nationale de France, Français 7, fol. 220 v°.

ROGER BACON (1214-1292), UN SCIENTIFIQUE PERSÉCUTÉ

Il naît en Angleterre, fait ses études à Oxford, puis à Paris. Il entre dans l'ordre des franciscains vers 1257. Disciple et admirateur du grand mathématicien Robert Grossetête, il est en revanche sans concession envers l'université parisienne qu'il critique vertement, ainsi que les professeurs. Ses prises de position lui vaudront de se retrouver à deux reprises en prison. Il connaîtra en tout quinze ans de captivité environ, mourra à Oxford, devenu infirme et oublié de tous.

C'est toutefois le nom et le savoir de Roger Bacon qui remplissent tout le XIIIe siècle scientifique. Il représente, mieux que personne à cette époque, le mouvement qui pousse déjà un grand nombre d'esprits vers l'étude de la nature et vers la méthode expérimentale.

Roger Bacon conçoit en effet un vaste plan de réforme de la chrétienté, l'*Opus majus*, à l'aide des sciences expérimentales, notamment la physique, et des mathématiques, mais aussi de la connaissance des langues, qu'il juge étroitement liée au progrès des sciences naturelles. Les sciences profanes ont autant leur rôle à jouer que la théologie. Ce traité est destiné au pape Clément IV, qui a de l'estime pour lui. C'est d'ailleurs sous son pontificat que Roger connaît la période la plus calme de sa vie.

Donc, Roger expérimente, afin de mieux connaître l'objet qu'il étudie (Dieu lui-même peut être l'objet de la science expérimentale !). Passionné d'astronomie, il propose, dès 1267, la réforme du calendrier. Habile chimiste, il émet des idées sur la transmutation des métaux. Fasciné par les théories sur l'optique de Robert Grossetête, il fait plusieurs propositions, impossibles à réaliser faute d'argent, tels les miroirs paraboliques. Il décrit l'œil humain, peut-être à partir des travaux d'Ibn Sina. Il crée les lunettes achromatiques et trouve une substance combustible analogue au phosphore ; avec le salpêtre, qui n'est encore qu'employé en médecine, il compose de la poudre à canon, sans en être pour autant l'inventeur. Quand Bacon décrit le mouvement de la machine céleste, la marche régulière des planètes, quand il expose la théorie du monde physique, quand il met en relief les lois mystérieuses qui régissent la matière et qui président à la transformation des substances, on l'écoute avec admiration.

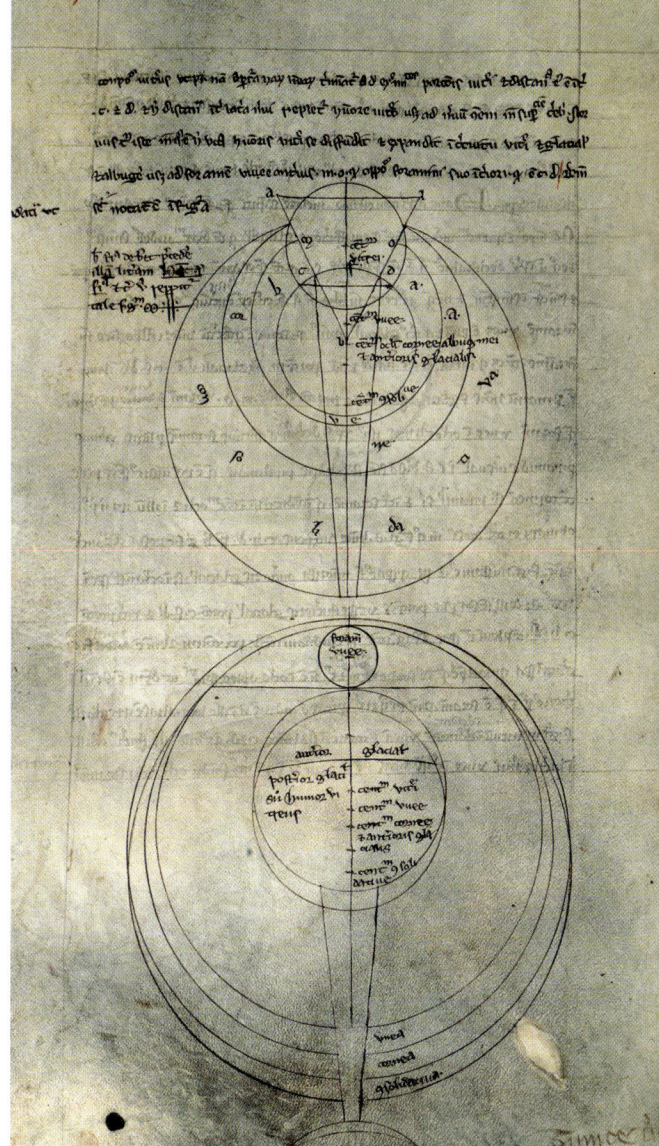

Schéma optique de Roger Bacon, tiré de son célèbre *Opus majus*. Bacon rêvait de transformer les mentalités et les mœurs de la société de son temps en présentant à ses contemporains une science entièrement revisitée, expérimentée, au fait des dernières inventions. Pour mieux percevoir, encore faut-il bien voir, comprendre comment les choses sensibles parviennent à notre champ de vision, à notre esprit et à notre compréhension. Aussi les traités arabes, via les traducteurs latins, semblent avoir été visités par le grand philosophe anglais.
Roger Bacon, *Opus majus*, vers 1268.
British Library. Photo akg-images.

Les premières universités
diffusent les connaissances

On a vu les efforts louables de Charlemagne pour régénérer l'apport culturel et scientifique de l'Occident. Il faut toutefois attendre le tout début du XIIe siècle, avec une Église désormais représentée par de hautes figures intellectuelles, pour que les rêves du grand empereur soient enfin réalisés.

En 1107, lorsque le jeune docteur Pierre Abailard arrive à Paris, l'Université en tant que telle n'existe pas encore. Il s'agit d'écoles liées directement à une église, à la manière carolingienne. Abailard suit ses cours au cloître de Notre-Dame, où enseigne notamment Guillaume de Champeaux.

Cinquante ans plus tard, les fondements de l'Université de Paris sont posés. Devant l'afflux de jeunes gens qui viennent du continent entier pour étudier dans les écoles parisiennes, on finit par les regrouper en « nations », elles-mêmes divisées en « tribus ». Il y a quatre nations : la France, l'Angleterre, la Normandie et la Picardie. Elles constituent ensemble une Université des études. Par la suite, une nouvelle division s'établit, privilégiant non plus les catégories d'étudiants mais les disciplines. C'est la naissance des Facultés, notamment la Faculté de Théologie mais aussi celle des Arts, la plus importante, qui comprend la grammaire, les humanités et la philosophie. Elle est si fréquentée qu'elle garde en son sein les principes des nations.

En 1200, Philippe Auguste accorde des privilèges exceptionnels à l'Université, assurant l'immunité à son chef et à tous ses membres vis-à-vis de la justice royale.

Il y a trois grades auxquels les écoliers aspirent successivement. D'abord, celui de bachelier. Après avoir bien étudié le trivium, l'élève subit un examen, soutient

La première université espagnole fondée par Alphonse VII en 1208. Très tôt, l'Espagne latine sert de relais entre l'Occident et l'Orient. Au XIIIe siècle, le roi de Castille Alphonse X le Sage met en place une politique de traduction systématique des textes scientifiques arabes en provenance de Tolède, particulièrement les textes concernant l'astronomie.

Palencia, Azuleros de la place d'Espagne. Photo Dagli Orti.

Ci-dessus.
**Cours de théologie à la Sorbonne. À l'origine, la Sorbonne
était une école, créée par Robert de Sorbon, conseiller
de Louis IX. Elle devint par la suite une université.
C'est aujourd'hui la plus célèbre université de France.
Durant tout le Moyen Âge, la théologie fut la principale
matière enseignée par l'université.**
Nicolas de Lyre, *Postilles sur le Pentateuque*, XVe siècle.
Bibliothèque municipale de Troyes, ms. 129, fol. 32 v°.

Ci-dessous.
**Enseignement de la géométrie. Ici apparaît une femme :
non pas que les enseignantes aient déjà existé au Moyen Âge,
il s'agit d'une allégorie de la Géométrie.**
Priscien, *Institutio grammatica*, vers 1350.
British Library. Photo akg-images.

des « disputes » sur la grammaire, la rhétorique et la dia-lectique. Le candidat qui devient bachelier ès arts a le droit d'enseigner à son tour, sous la surveillance d'un maître, tout en poursuivant des études plus poussées. Par la suite, il s'adresse à l'autorité ecclésiastique pour obtenir la licence. C'est l'Église qui accorde ce grade, suite à un entretien. Reste la dernière étape : le licen-cié comparaît à nouveau devant les maîtres de la Faculté des Arts pour devenir maître ès arts.

Mais la Faculté des Arts n'est parfois qu'une étape pour les élèves les plus brillants. Pour ceux qui vont à l'une des autres Facultés, de Théologie, de Décret (le Droit) et de Médecine, et suivent alors le quadrivium, ce troisième degré ne s'obtient qu'après avoir soutenu en public une thèse longue et difficile : on obtient alors le titre de docteur.

En parallèle existent des écoles libres, des collèges, dans lesquels, sous la conduite d'un principal, quelques maîtres, souvent aussi pauvres que leurs élèves, assu-rent l'instruction d'une douzaine d'écoliers. Parfois, un généreux mécène veille sur un collège et ses maîtres : le cas le plus célèbre est celui de la Sorbonne, appe-lée ainsi du fait d'un de ces anciens élèves miséreux, Robert de Sorbon, qui devint le chanoine de Louis IX. Sorbon crée ce collège vers 1257, établissement pro-tégé par le roi et qui est aujourd'hui le siège de plu-sieurs Facultés.

Une révolution musicale :
les neumes et l'archet, la portée et les notes

Le chant et la musique jouent un rôle important dans cette civilisation chrétienne en train de prendre le dessus en Europe.

Le chant est depuis longtemps une façon d'affirmer sa foi : il élève celui qui le pratique. De nombreux hymnes sont composés depuis le IIIe siècle. À la fin du VIe siècle, le pape Grégoire le Grand réforme la liturgie, notamment en s'occupant de produire une note par syllabe. Charlemagne impose ce type de chant dans son empire. Enfin, est créé au

IXe siècle le système des neumes, signe de notation musicale, qui donne l'indication de la flexion vers le haut ou vers le bas de la voix.

La musique, de son côté, est une matière scientifique, figurant dans le quadrivium. La musique est en effet une matière comparable aux mathématiques, avec des nombres, des relations de sons, des proportions. On va même jusqu'à faire des rapprochements entre l'harmonie musicale, les liens de l'âme avec le corps et le mouvement des astres (c'est ce que

Cette image en provenance d'Éthiopie (XVe siècle) représente David jouant de la harpe.
Psalterium, entre 1468 et 1478.
Bibliothèque nationale de France, Éthiopien d'Abbadie 105, fol. 13 v°.

Un joueur de flûte.
Extrait d'un traité arabe sur la musique, XIVe siècle.
Istanbul, Bibliothèque de Topkapi. © Roland et Sabrina Michaud/Rapho.

Une image inattendue : ce bas-relief chinois du Xᵉ siècle,
édifié sur une tombe, représente un orchestre de femmes.
© Roland & Sabrina Michaud/Rapho.

l'on appelle la musique sphérique).
Il existe de ce fait trois sortes de
musiques : la musique sphérique (qui
se réfère à des phénomènes naturels), la musique humaine et la
musique instrumentale (cette dernière étudiant les rapports mathématiques existant entre les
différents sons). La musique instrumentale réalise des progrès
constants. L'introduction de l'archet au IXᵉ siècle permet de tirer
de nouveaux sons d'un instrument. Surtout, au XIᵉ siècle, Gui
d'Arezzo (v. 990-apr. 1033) va révo-
lutionner la musique : issu du milieu
monastique, il a l'idée, vers 1030,
d'attribuer des noms aux notes de

À droite.
Un trompettiste maya.
Céramique maya, VIIIᵉ siècle.
New York, The Metropolitan Museum of Art, Gift of Eugene and Ina Schnell,
1989 (1989. 110). Photograph © 1989 The Metropolitan Museum of Art

À gauche.

Bien que cette période soit riche en illustrations, les images du IXᵉ siècle sont peu diffusées. Elles sont pourtant pleines d'enseignement. Ici, nous découvrons plusieurs instruments de musique. Il est probable que celui devant lequel se tient ce souverain soit un orgue. Tout en haut, au centre, on reconnaît une harpe.

Psautier bénédictin de l'abbaye Saint-Remi (Sens), vers 842-850.
Bibliothèque municipale d'Angers, ms. 18, fol. 12 v°.-13. Photo IRHT.

Ci-dessous.

Une partition manuscrite.
Bibliothèque nationale de France, Latin 3549, fol. 151 v°.-152.

À gauche.

Un document rare : un graduel du XIIIᵉ siècle, autrement dit un recueil de chants liturgiques. Le choix des chants accompagnant le déroulement du culte n'est jamais anodin. Le ton des voix, les paroles, le sujet, autant de points importants sur lesquels plus d'un savant théologien a écrit des traités (Charlemagne lui-même s'est penché sur la question) : l'élévation de l'âme qui résulte de l'écoute de ces chants, permet aussi celle de l'esprit. Si l'esprit s'est élevé dans les plus hautes sphères, il sera à même d'avancer dans la marche de la compréhension du monde.
Graduel à l'usage de l'abbaye de Notre-Dame de Fontevrault,
vers 1250-1260.
Bibliothèque municipale de Limoges, ms. 2, fol. 100 v°.
Photo IRHT.

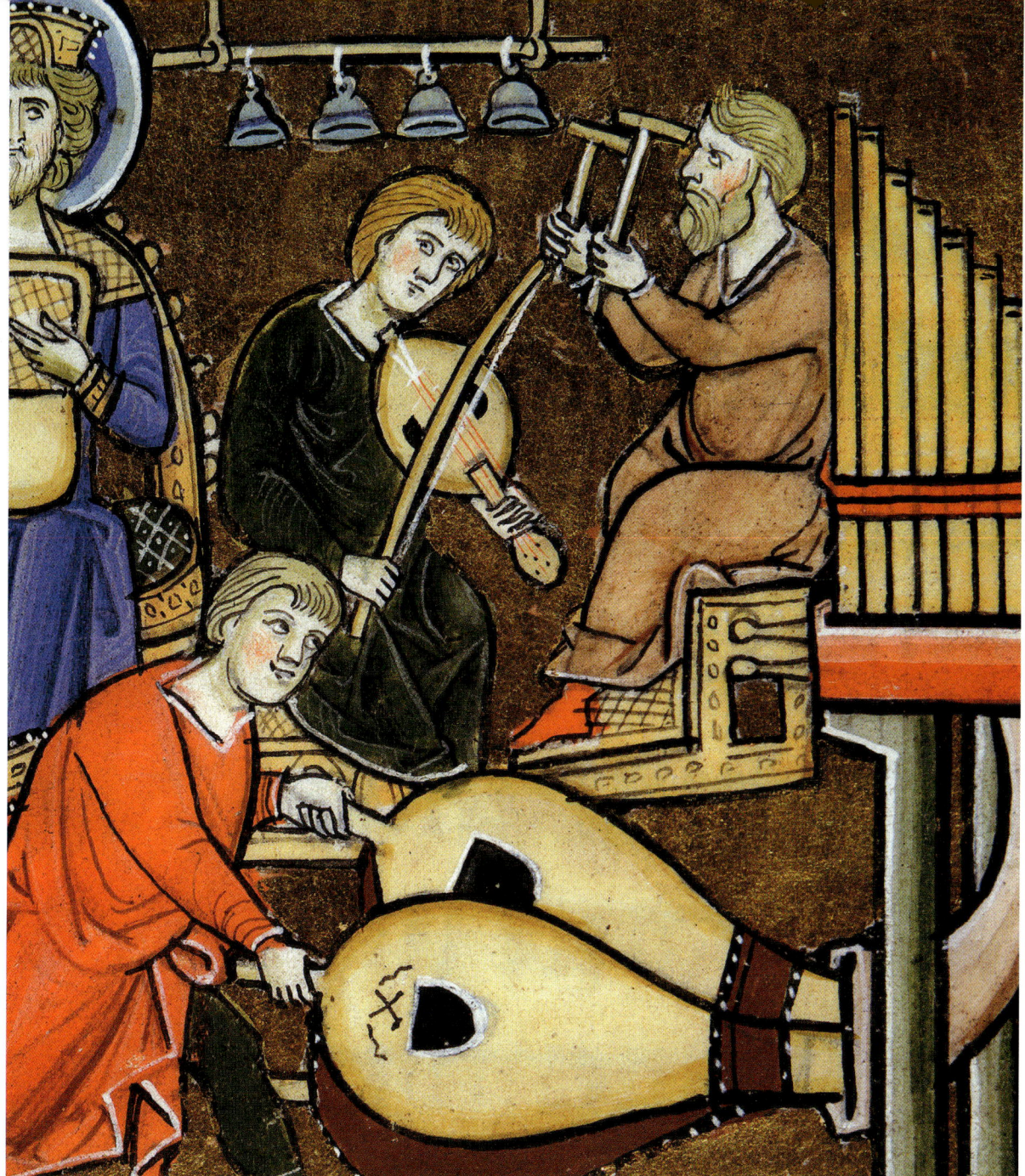

David entouré de ses musiciens. Cette magnifique image résumé un grand nombre d'instruments nouveaux du Moyen Âge : l'orgue à vapeur au premier plan, l'archet qui fait son apparition au XIe siècle. On aperçoit également un carillonneur.
Psautier de sainte Elisabeth, XIIIe siècle.
Italie, Cividale Del Friuli. Photo Dagli Orti.

musique. Pour cela, il utilise une œuvre de Paul Diacre, l'hymne à saint Jean-Baptiste. Les noms des notes sont tirés des premières syllabes des six premiers hémistiches de cet hymne : ut, ré, mi, fa, sol, la, si. Puis, il crée le principe de la « portée » en écrivant les notes sur quatre lignes régulièrement espacées. Désormais, il est possible pour un chanteur connaissant le principe des notes d'interpréter une mélodie, même s'il la lit pour la première fois. Enfin, autre révolution, Guy d'Arezzo introduit la polyphonie dans le chant, ce qu'il explique dans son traité de musique, *Micrologus de musica*.

Dès la fin du XIIe siècle, tandis que de plus en plus de voix s'élèvent contre la théorie de la musique des sphères. La musique, ancienne matière scientifique, se veut désormais beaucoup plus artistique.

Les progrès de l'hygiène :
une prise de conscience

Le Moyen Âge, contrairement à une idée reçue, n'est pas une période moins soucieuse de l'hygiène qu'une autre. Elle hérite des habitudes antiques du bain, et les équipes municipales réfléchissent aux problèmes d'hygiène urbaine. Par ailleurs, on voit apparaître ou se perfectionner certains objets indispensables pour la propreté. Toutefois, c'est une période où les conditions de vie restent extrêmement dures, où le corps demeure en contact avec un environnement malsain, particulièrement dans les villes.

Le principe de propreté est en tout cas vivace. Pour ceux qui en ont le temps (et les moyens), les bains sont choses courantes. Au point qu'on trouve même des boutiques de bains, notamment à Paris (vingt-neuf en tout). Offrir un bain dans une boutique de ce genre peut être une récompense pour un ouvrier travailleur, un acte de charité envers les pauvres.

On se lave les mains avant le repas, pratique qui est annoncée au son du cor, lorsque l'on va passer à table. Les serviteurs versent de l'eau sur les mains des convives et leur présentent des serviettes. Durant le repas, entre chaque plat, on présente un bassin de métal aux convives. Il faut dire que tout le monde mange avec ses doigts : un couteau permet de récupérer la viande dans le plat, mais ensuite, il faut bien mettre la viande dans la bouche. La fourchette n'arrive en Occident, qu'au XIVᵉ siècle, d'abord en Italie, et il n'est pas certain qu'elle soit tout de suite d'un usage courant. En France, il faudra en réalité attendre la seconde moitié du XVIᵉ siècle pour que tout convive puisse en

Femme prenant son bain.
Ibn Butlân, *Taqwim es siha*, XIVᵉ siècle.
Bibliothèque nationale de France, NAL 1673, fol. 97.

Page de droite.
Le bain, en Orient comme en Occident, est beaucoup plus courant au Moyen Âge qu'il ne le sera les siècles suivants. Ici, scène de Hammam par Behzad, le plus célèbre miniaturiste arabe du XVᵉ siècle.
Behzad, miniature du XVᵉ siècle.
© Roland et Sabrina Michaud/Rapho.

۶۷

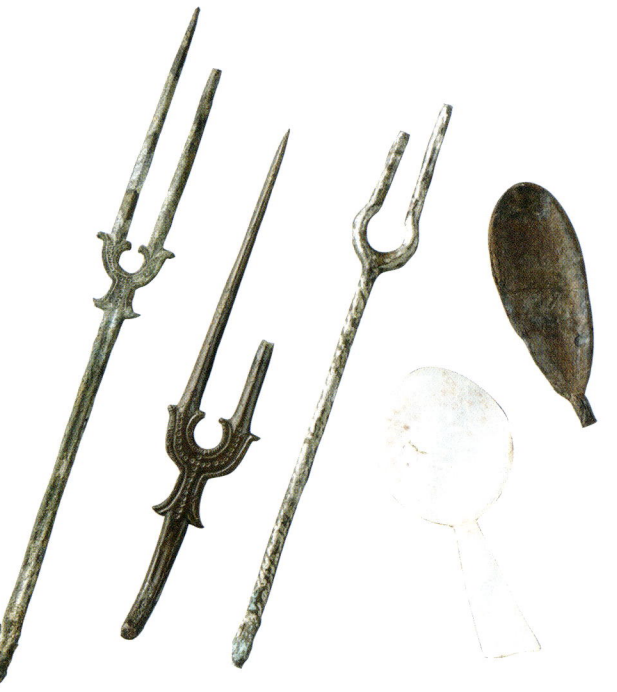

Ci-dessous.
Un ensemble de cuillères et de fourchettes en Iran, entre les VIIIe et XIe siècles. En Occident, l'utilisation de la fourchette ne commence qu'à la toute fin du Moyen Âge. Sous Louis XIV, on utilisera la fourchette à deux dents, tout en continuant à se servir de ses doigts.
Paris, musée du Louvre. Photo RMN/J.-G. Berizzi.

Ci-dessus.
Un dentiste se prépare à arracher une dent.
L'hygiène dentaire et les méthodes pour soigner les caries n'étant pas très développées, l'extraction des dents restait souvent le seul remède contre les maux.
Thiringia magistri Rogerii, XIVe siècle.
Bibliothèque universitaire de médecine de Montpellier, ms. 89 bis. Photo Dagli Orti.

disposer. Une fois de plus en avance sur l'Europe, les Chinois et les Indiens se servent de fines baguettes d'ivoire ou de bois.

Au Moyen Âge, la prothèse dentaire, utilisée par les Romains, disparaît. Comme souvent quand une discipline passe de mode, on ne fabrique plus que des dents artificielles de mauvaise qualité : il semble que plus personne ne songe à remplacer les dents tombées ou arrachées. Ainsi, à sa mort, Louis IX n'aurait plus eu qu'une seule dent lui restant. À relever que la brosse à dents et le dentifrice sont connus en Chine à partir du XIe siècle.

Au XIIIe siècle, le Grand Albert indique plusieurs recettes pour se débarrasser des puces. Il conseille notamment d'enduire les meubles avec de la graisse de hérisson, de laver les murs avec de la coloquinte bouillie dans l'eau. En fait, de nombreux manuels de la vie pratique proposent des remèdes pour chasser les puces. Par contre, les monastères ne connaissent généralement pas ce problème.

Un grand souci de propreté règne en effet dans les monastères et les couvents. On y trouve l'eau courante, des lavabos collectifs dans les établissements religieux, particulièrement chez les cisterciens. Il y a aussi des réservoirs circulaires ou carrés, avec des petits trous percés ou des gargouilles, ce qui permet à plusieurs personnes de se laver en même temps. Sont installées aussi dans des établissements monastiques, à partir du XIIᵉ siècle, des fontaines jaillissantes destinées aux ablutions avant et après le repas, mais aussi au lavage des pieds. En général, on commence par enlever à l'eau pure le gros de la crasse, puis on utilise le savon, matière encore rare et précieuse. Il semble que les premiers savons soient apparus à l'époque des Germains, sous forme liquide. La forme dure, sous forme de « pains », serait apparue à partir du XIIᵉ siècle. Les moines ont l'habitude également de se laver la tête régulièrement. Enfin, nous révèle l'historien Léo Moulin, les moines ont inventé le premier after-shave : « Un texte de 1305 dit qu'ils utilisaient une eau aromatique préparée avec les herbes cultivées dans le jardin. »*

* Léo Moulin, *La vie quotidienne des religieux au Moyen Âge*, Paris, Hachette, 1978.

Détail, en haut à droite.
Des latrines au XVᵉ siècle. Le principe de l'intimité pour vaquer à ses besoins est loin d'être évident à cette époque. Souvent, une simple tenture séparait un roi de ses proches lorsque l'envie lui prenait d'aller sur sa chaise percée.
Vincentius Bellovacensis, *Speculum historiale* (trad. Jean de Vignay), 1463. Bibliothèque nationale de France, Français 51, fol. 138 vᵒ.

Sous Charlemagne, on sait que les monastères possédaient des latrines. Ainsi, tous les bâtiments principaux de l'abbaye de Saint-Gall sont pourvus de « lieux de délivrance » ou de « nécessités ». Dans les châteaux, on trouve des latrines à chaque étage, construites de manière à éviter l'odeur. Les latrines du donjon donnent sur une fosse souterraine, celles des tours sur l'extérieur.

Les égouts, qui existent déjà sous l'Antiquité, sont à nouveau en construction dans Paris sous le règne de Philippe Auguste, alors même qu'il s'occupe de faire paver les rues de la capitale. Hugues Aubriot, prévôt de Paris de Charles V, fait voûter l'égout allant de Montmartre à Ménilmontant. Parallèlement, sous Louis IX, le pavage se généralise dans le royaume.

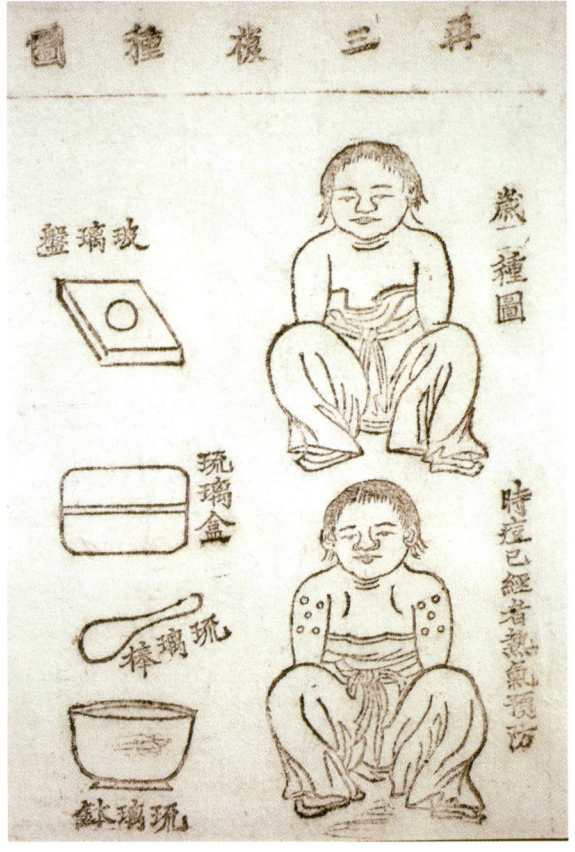

La Peste noire. Elle aurait tué un tiers de la population de l'Occident.
Boccace, *Decameron* (trad. Laurent de Premierfait), XVe siècle.
Bibliothèque nationale de France, Français 239, fol. 1.

La peste noire

La peste noire, qui avait disparu depuis le VIIe siècle, réapparaît en 1347, en provenance d'Asie, ravageant toute l'Europe. Face à ce phénomène, si les médecins se montrent impuissants à soigner les malades, en revanche ils tentent des diagnostics et des mesures hygiéniques.

On ferme des maisons, des rues, puis les quartiers où le fléau a sévi. Surtout, on cherche à prévenir le retour du mal en nettoyant les rues, en reprenant une politique de pavage abandonnée depuis plus d'un siècle ; on cure les égouts, on tente d'épurer les eaux potables. On déménage les malades (particulièrement les plus pauvres) hors de l'enceinte des villes et, surtout, on commence à s'intéresser aux cadavres, et pas seulement des personnes mortes de la peste. Ainsi, on prend conscience que certains légumes proviennent d'un sol souvent touché par des restes humains.

À droite.
Estampe chinoise représentant la vaccination contre la variole.
Séoul, Université de Kyong Hee. © Roland et Sabrina Michaud/Rapho.

La chirurgie

enfin reconnue comme science

Une science souvent dédaignée…

Le principal problème d'un chirurgien au Moyen Âge est la concurrence du médecin. Pour celui-ci, l'étude de l'anatomie n'a aucun intérêt, et il serait abominable de réfléchir sur la dissection d'un cadavre en termes scientifiques. Mieux vaut se fier aux écrits de Galien. Toutefois, dès la fin du XIᵉ siècle, le savant arabe Albucassis, estime qu'un médecin digne de ce nom doit également être anatomiste, physiologiste et chirurgien.

Scène de dissection au XVᵉ siècle. Elle fut longtemps interdite sur les corps humains et les chirurgiens, pour leurs études, se servaient souvent de cadavres de porcs, animal dont l'anatomie est jugée très proche de celle de l'humain.
Barthélemy l'Anglais, *Livre de la propriété des choses* (trad. française de Jean Corbichon), 1450.
Bibliothèque nationale de France, Français 9140. Photo akg-images.

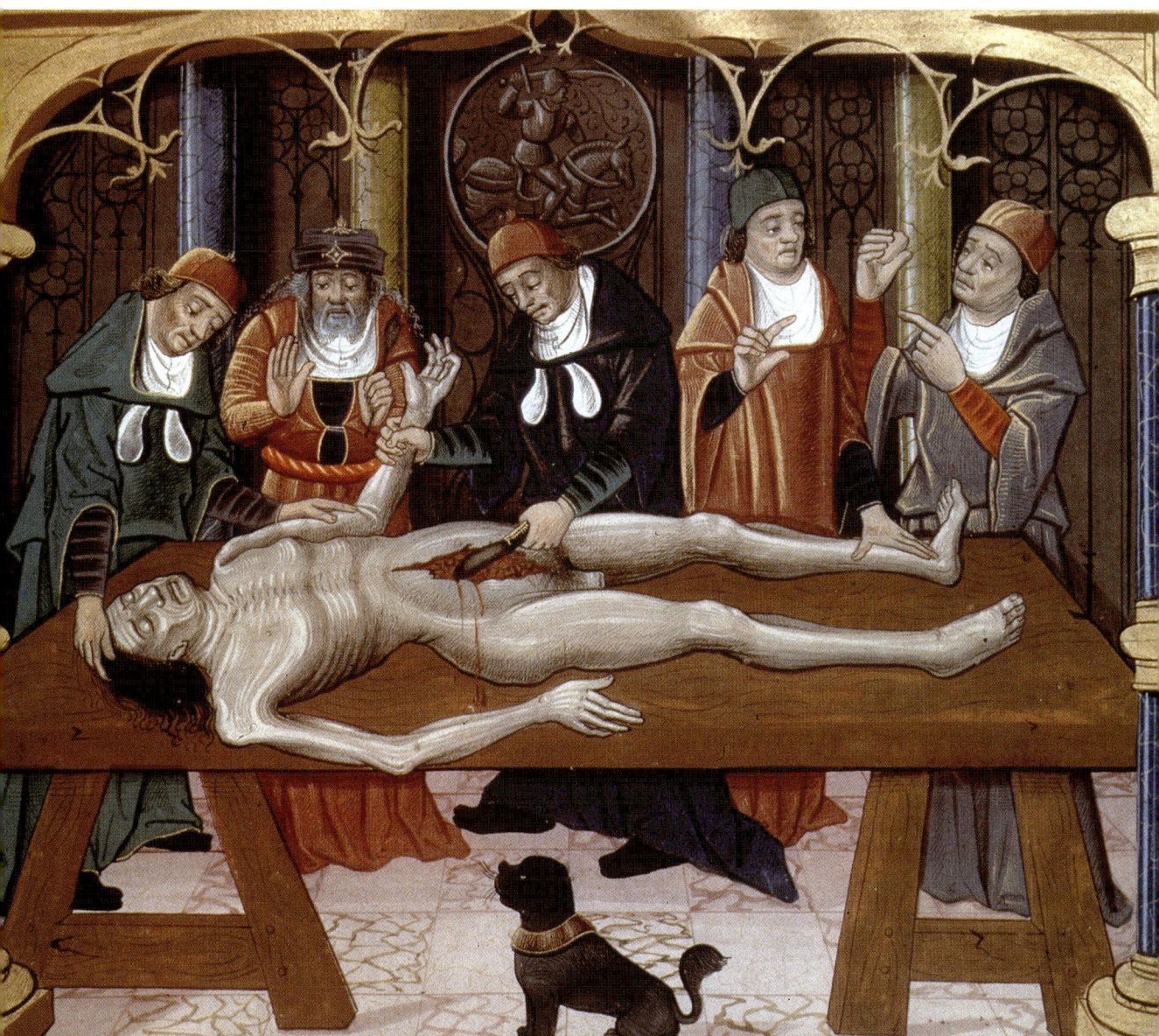

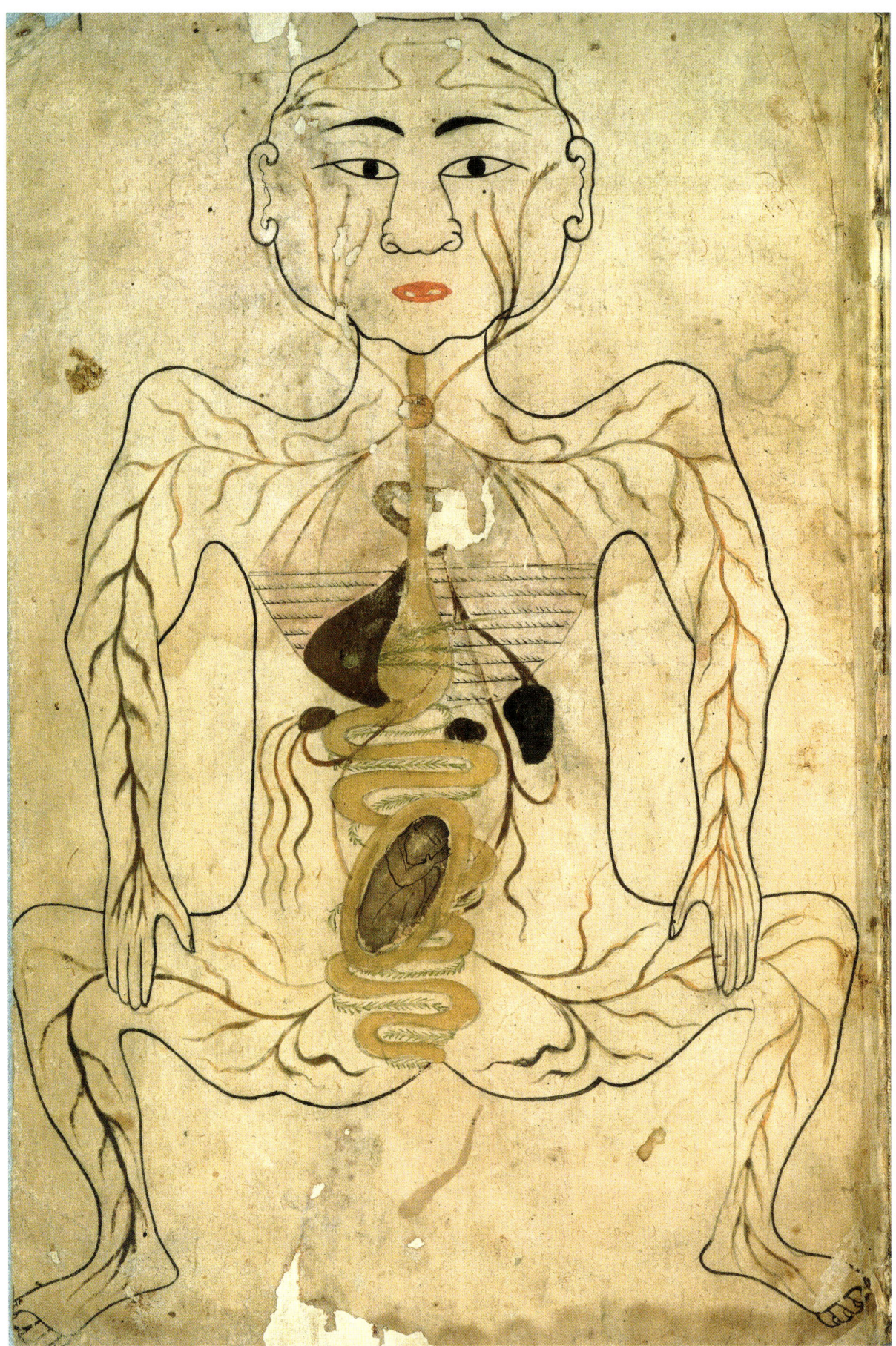

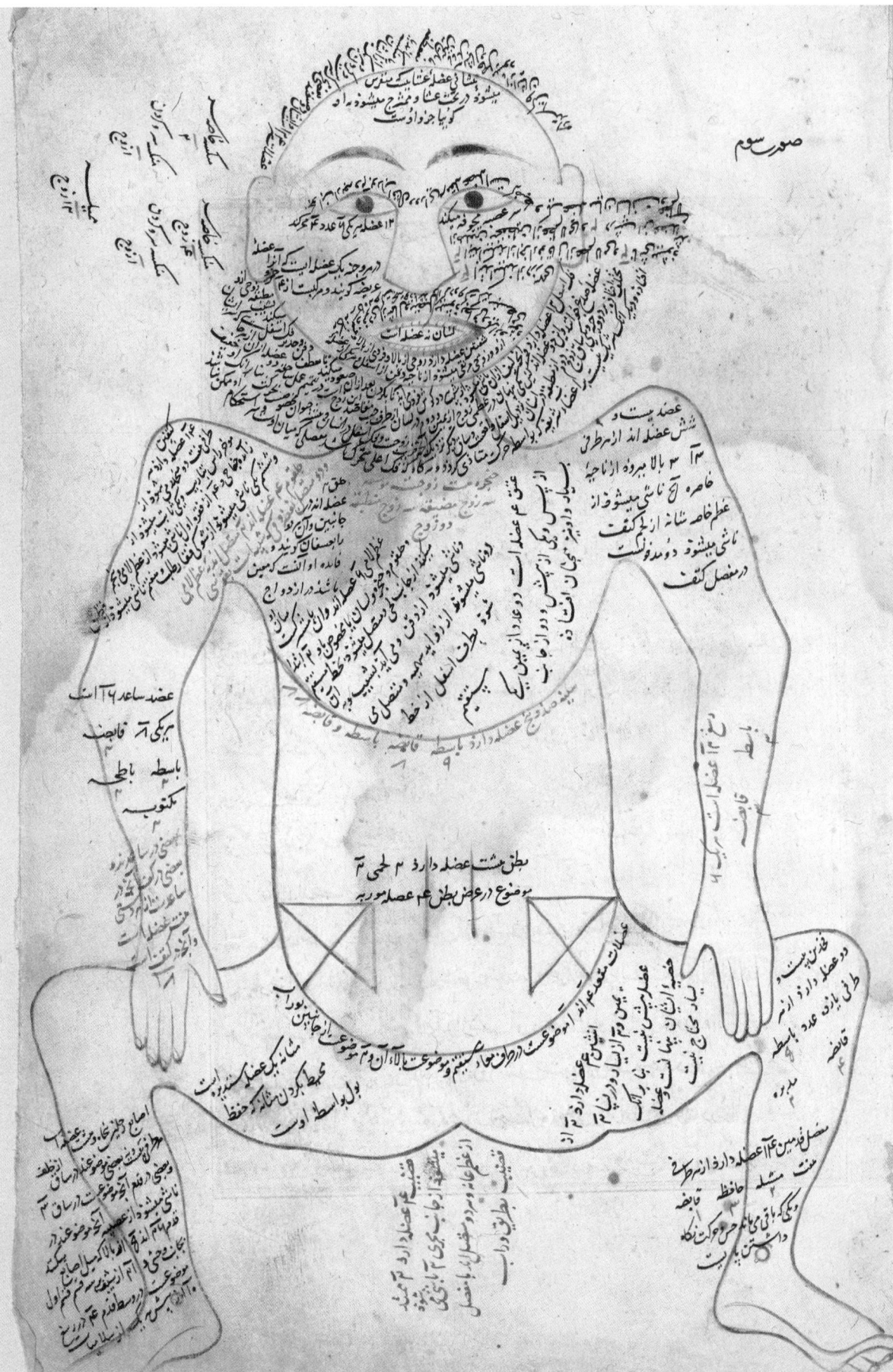

A-t-il lui-même pratiqué la dissection ? S'est-il borné à des déductions à partir des corps qu'il soignait ? Toujours est-il qu'il invente des instruments chirurgicaux de toutes sortes, innove dans le domaine de la cautérisation et est l'un des premiers à pratiquer la bronchotomie (incision de la trachée-artère).

L'Occident est très en retard. L'Université de Paris n'a que tardivement une Faculté de Médecine, qui a du mal à s'imposer face aux préjugés de l'époque. C'est

En haut.
Luxation d'une épaule. Dans le *Canon de la Médecine* d'Ibn Sînâ, on trouve même une méthode pour pratiquer les luxations de la colonne vertébrale.
Image extraite d'un manuscrit chirurgical turc du XVe siècle.
Istanbul, Bibliothèque Millet. © Roland et Sabrina Michaud/Rapho.

Page 72.
Dans le domaine de la chirurgie, les savants arabes étaient en avance sur les Occidentaux.
Ici, représentation d'une grossesse à partir d'un manuscrit en provenance d'Iran, datant du XVe siècle.
Mansûr b. Iliyyâs, *Tashrîh-i badan*, XVe siècle.
Bibliothèque nationale de France, Supplément persan 1555, fol. 29.

Page 73.
Le système musculaire.
Mansûr b. Iliyyâs, *Tashrîh-i badan*, XVe siècle.
Bibliothèque nationale de France, Supplément persan 1555, fol. 15.

À gauche.
Ce traité arabe du XIIIe siècle nous présente toutes sortes d'instruments chirurgicaux, notamment des scalpels.
Khalîfa al-Halabî, *al-kâfî fî al-kuhl*, XIIIe siècle.
Bibliothèque nationale de France, Arabe 2999, fol. 42 v°.

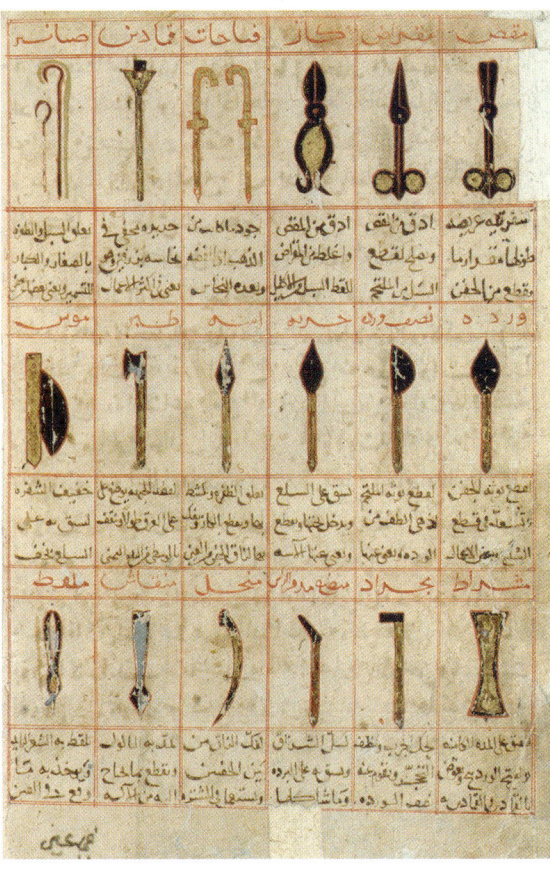

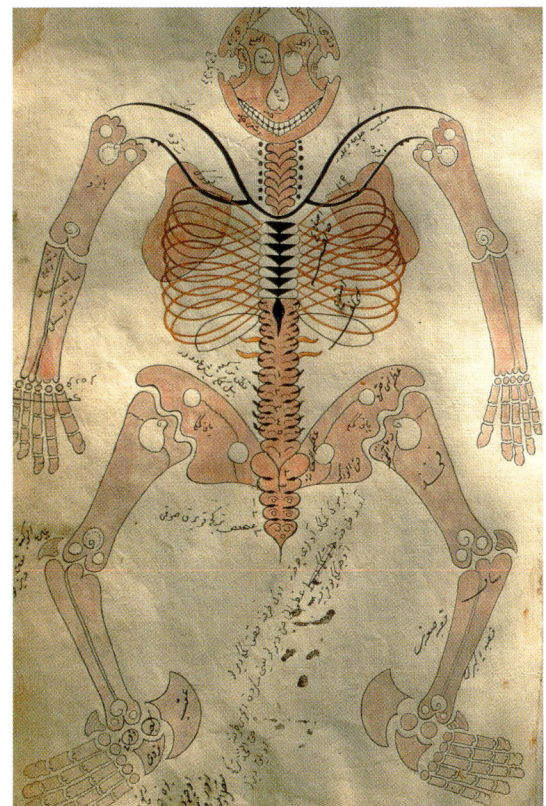

Squelette humain, extrait d'un traité arabe. Loin d'être réaliste, ce dessin est surtout soucieux de montrer la symétrie du corps humain.
Planche d'anatomie du XVe siècle.
Istanbul, Bibliothèque de Topkapi. © Roland et Sabrina Michaud/Rapho.

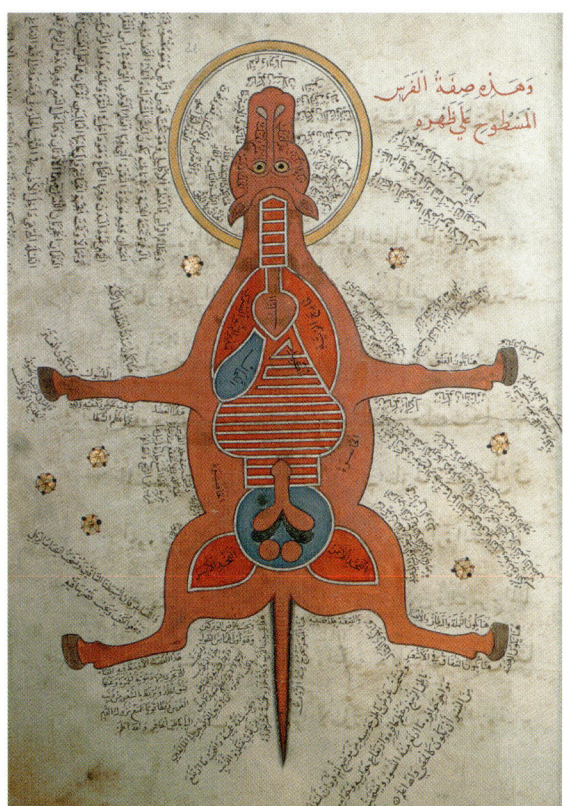

Anatomie du cheval.
Manuscrit arabe du XVe siècle (époque mamelouk), Égypte.
Bibliothèque de l'université d'Istanbul. © Roland et Sabrina Michaud/Rapho.

du côté de Salerne et de Montpellier que semble se jouer en Occident l'avenir de la médecine, et notamment de la chirurgie. À Salerne est fondée en effet une école qui est d'abord une sorte de corporation médicale avant de devenir une véritable structure universitaire sous le règne de Roger II.

… qui finit par s'imposer

L'anatomie s'améliore grâce à la « méthode du porc », qui consiste à disséquer l'animal, dont l'appareil interne est considéré comme le plus proche de celui de l'homme. La chirurgie progresse à pas de géant sous l'influence de Roger de Salerne qui apporte vers 1170 des améliorations considérables à la technique de trépanation du crâne, ainsi qu'au traitement des blessures du ventre et de certaines tumeurs.

Pendant un temps, l'école médicale de Bologne, sous l'impulsion notamment de Guillaume Salicetti (mort en 1280), est la première d'Occident, peut-être même du monde. Aussi bon chirurgien que médecin, Guillaume Salicetti opère tant dans les hospices que chez les particuliers. Aux toxiques et aux médicaments des médecins, il préfère les instruments de fer de la chirurgie. Il a pour élèves le Milanais Lanfranc qui va devenir

l'un des plus célèbres chirurgiens de son temps. Obligé de quitter sa patrie pour des raisons politiques, Lanfranc vient demander asile à la France et, en 1295, il est invité à Paris par Pitard, chirurgien du roi Philippe le Bel. Tel un futur Claude Bernard, il exécute des opérations chirurgicales devant une assistance nombreuse qui l'applaudit, et ouvre une école qui connaît un rapide succès. Désormais, les chirurgiens sont reconnus (notamment par les rois de France) comme hommes de science et se délivrent de l'omnipotence des médecins. Lanfranc écrit deux livres qui sont de véritables manuels expérimentaux : *Chirurgia magna* et *Chirurgia parva*. Jalouse, la Faculté de Paris fait jurer aux bacheliers de ne jamais exercer la chirurgie. Ce qui n'empêchera pas Guy de Chauliac d'être à la fois médecin et chirurgien.

La médecine méso-américaine

Si la médecine maya tient plus de la sorcellerie que de la science (on pratique un sacrifice pour guérir le malade), ce peuple se montre en revanche compétent en matière de chirurgie. L'ablation, l'extraction et l'incision sont ainsi pratiquées. Les Aztèques, de leur côté, savent suturer les blessures, arrêter les hémorragies, soigner les ulcères comme les caries dentaires. Parmi leurs instruments, on trouve… des piquants de porc-épic.

L'imprimerie,
une invention chinoise et coréenne

Au VIIIe siècle, les Chinois utilisent déjà la xylographie, autrement dit une planche de bois gravée, sur laquelle on met de l'encre avant de la coller contre une feuille de papier (à la manière d'un sceau). Il s'agit tout d'abord de l'utilisation de petites planches, reproduisant des figures religieuses (leur reproduction, leur multiplication étaient signes de piété pour le croyant). Par la suite, on passera à la reproduction de pages entières. La manipulation sera inversée : la planche, beaucoup plus imposante, est désormais posée sur la table et c'est le papier qui est apposé dessus. Les premiers ouvrages ainsi imprimés, outre bien sûr

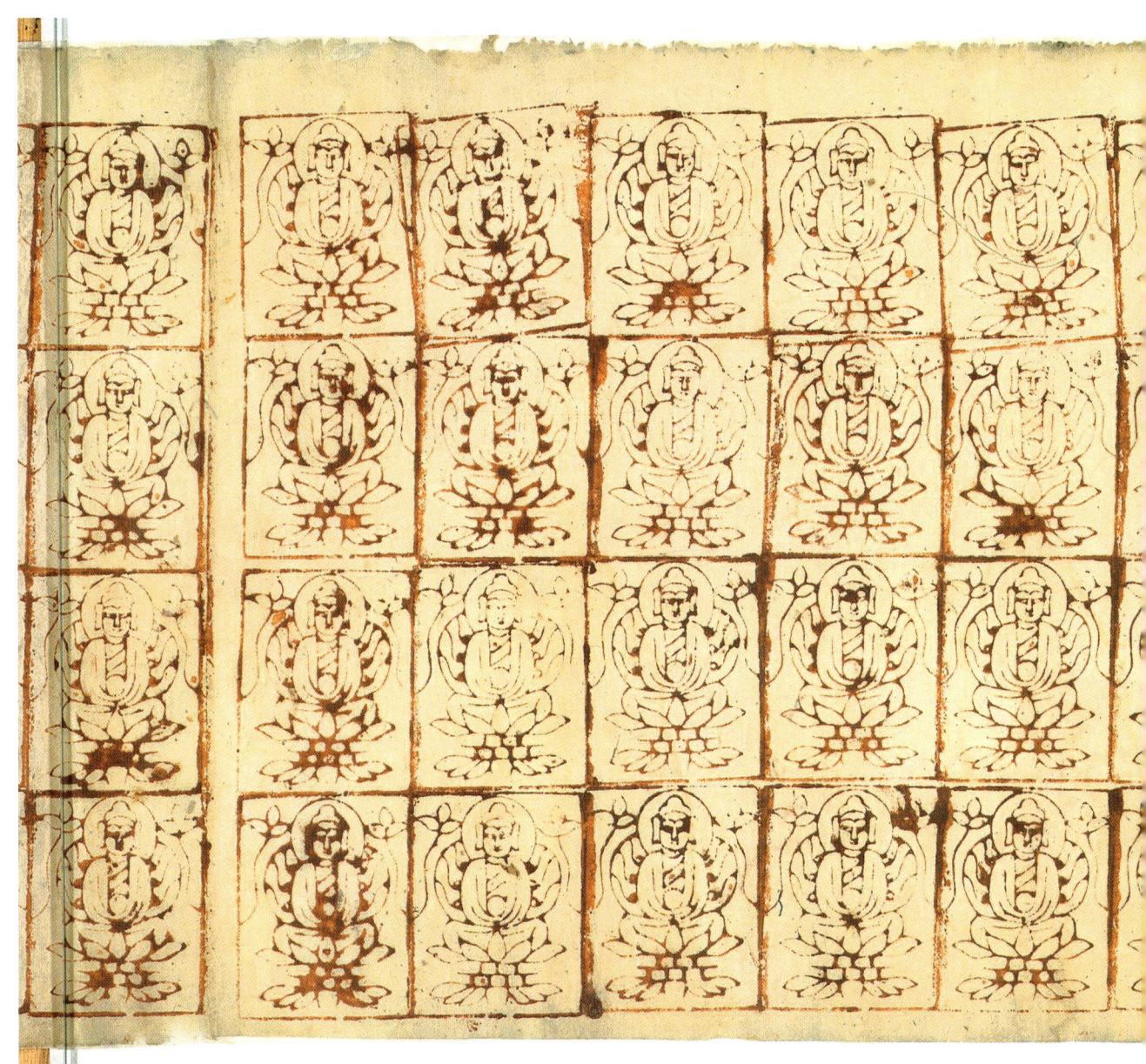

À droite.
Fabrication des estampes. On voit l'artiste gravant les formes sur le support. À sa gauche, plusieurs rouleaux de papier.
Xylographie du XIXᵉ siècle.
© Roland et Sabrina Michaud/Rapho.

Ci-dessous.
Le rouleau aux « Mille Bouddhas », retrouvé dans la grotte de Dunhuang, est daté du VIIIᵉ siècle. Il est constitué de feuilles de papier longues de 41 cm chacune, collées bout à bout. Le tout est à l'encre rouge.
Rouleau aux « Mille Bouddhas », VIIIᵉ siècle, Dunhuang.
Bibliothèque nationale de France, Pelliot chinois 5526, fol. 42 v°.

Ci-dessus.
Matrice servant pour la xylographie, retrouvée au Sichuan dans une tombe Tang.
Matrice de Bouddha, VIIIᵉ siècle.
Bibliothèque nationale de France, Pelliot koutcheen 512.

寄
二十五首

額補註李太白詩卷之十三

安陸白兆山桃花巖寄劉侍御綰
一作
安陸

春歸桃花巖
貽許侍御綰

雲臥三十年好閒復愛仙蓬壺雖冥絕鸞鶴心
然歸來桃花巖得憩雲窻眠對嶺人共語飲
猨相連時晃翠微上邈若羅浮月雖圓芳草
一嶂横西天樹雜日易隱崖傾難圓山田
野色飛蘿搖春煙入遠攜石室選幽開山田
此林下意杳無區中緣永辭霜臺客千載方

les ouvrages religieux, semblent avoir été notamment des calendriers et des dictionnaires.

Au XIᵉ siècle, un Chinois, peut-être Bi Cheng, invente la typographie, qui consiste cette fois à utiliser des caractères mobiles gravés séparément dans de l'argile. On les met alors dans un certain ordre correspondant au texte qu'on désire écrire, puis on passe ces caractères au feu afin de les durcir et on les dispose sur une plaque de fer recouverte de résine et de cire. On presse alors les caractères sur cette matière.

Au XIIIᵉ siècle (peut-être en 1234) , les Coréens permettent à l'imprimerie de faire une nouvelle avancée en remplaçant les caractères mobiles en argile par des caractères métalliques mobiles avec poinçons. C'est exactement la même invention qu'un Allemand, Johann Gutenberg (1400-1468), réalise près de deux siècles plus tard, sans apparemment avoir eu vent de la découverte de ces derniers (mais peut-être connaissait-il celle des Chinois ?). Le premier livre imprimé est une traduction latine de saint Jérôme. Par la suite, très vite, seront édités des livres scientifiques, notamment plusieurs des encyclopédies que nous avons rencontrées tout au long de cet ouvrage.

Contrairement à ce que laisse entendre Victor Hugo dans *Notre-Dame de Paris*, l'Église n'a pas été foncièrement hostile à l'arrivée de l'imprimerie. Ce sont des motifs et des textes religieux qui, les premiers, sont xylographiés en Chine. Par la suite (XIIIᵉ siècle ?), les moines bénédictins comme les moines cisterciens ont utilisé la xylographie, l'estampe et la chalcographie (gravage sur le cuivre) avant d'adopter l'invention coréenne découverte par Gutenberg. Dès le dernier quart du XVᵉ siècle, de nombreux monastères remplacent la copie manuelle par la copie imprimée.

Une presse à imprimer en France.
Jan Stradanus, *Book printing workshop*, 1588.
Photo akg-images.

Où en sont les *sciences naturelles* ?

Les sciences naturelles, et notamment la zoologie, la minéralogie et la botanique, sont représentées dans les *Étymologies* d'Isidore de Séville. Mais, à l'époque reculée où il écrit, il n'a pu les traiter que d'une manière superficielle et surtout peu logique, faute d'expériences et d'observations. On se borne alors principalement à retranscrire les informations données par Aristote ou Pline l'Ancien, qui sont loin d'être toujours fiables. Toutefois, au VIᵉ siècle, Cosmas Indikopleustès, que nous avons

Ci-dessous.
Cette baleine ressemble en fait plutôt à un cachalot, la distinction entre les deux n'est pas encore faite.
Livre des simples médecines, XVᵉ siècle.
Bibliothèque nationale de France, Français 1309, fol. 37.

Ci-dessus.
Illustration d'un ensemble de minéraux, et, en bas, le four.
Livre des simples médecines, vers 1520-1530.
Bibliothèque nationale de France, Français 12322, fol. 191.

Page de droite.
Comme souvent, un animal fabuleux (la licorne) se trouve parmi des animaux réels. Cette image est extraite de la réédition d'un des plus grands succès littéraires du Moyen Âge : *le Livre des propriétés des choses* de Barthélemy l'Anglais. Suivant la recette d'un Isidore de Séville ou d'un Vincent de Beauvais, Barthélemy l'Anglais a produit cette synthèse des connaissances scientifiques, plus particulièrement dans le domaine des sciences naturelles. À la différence toutefois d'Isidore de Séville, il s'adresse à un public large. Par ailleurs, quel que soit l'état réel des connaissances de cet auteur, il se garde de mettre en scène aussi bien les informations de première main que les légendes et traditions. Il convient de ne pas décevoir l'attente d'un lectorat avide de sensationnel.
Barthélemy l'Anglais, *Livre des propriétés des choses* (trad. Jean Corbechon), 1447.
Bibliothèque nationale de France, Français 216, fol. 283.

تروط البدن وعلى هذا هذا القياس نجد كل حيوان قد جعل الله له في الاعضا والمفاصل والادوات بحسب حاجته
اليه لجر منفعه او لدفع مضرة والى هذا المعنى اشار موسى عليه السلام بقوله ربنا الذي اعطى كل شى خلقه ثم
هدى **واما** الذي ذكرت انها الانسى من حسن الصورة وافتخرت به علينا فلير فيه فيها شى من الكلام
على ما زعمت بكم اراد ثم ونحن عبيد اذ كان حسن الصورة وانما هو شى مرغوب فيه عند ابنا الجنس
من الذكران والاناث ولذلك يدعوهم الى الكماح والسفاد للنتاج والتناسل وذلك كما انا لا ترغب في
محاسننا واثناءنا في محاسن كم كما انا لا يرعبون السودان في محاسن السمان والبيضان في محاسن
السودان وكما لا يرغبون اللاطة في محاسن الجوار والزناة في محاسن الغلمان فلا تفخروا علينا
بمحاسن الصورة انها الانسى **فصل** في بيان جوده الحواس للحيوان **واما** الذي ذكرته من جود
حواسكم وقد تميزت به علينا فلير لك ذلك لكم خاصة دون غيركم من الحيوان لان
ماهو اجود حاسة وتميزا من ذلك الجمل فانه مع طول قوائمه ورقبته وارتفاع راسه من الارض
في الهوا يبصر ويرى موضع قدميه في الطرقات الوعرة والمسالك الصعبة في ظلم الليل ما لا يبصره ولا ترى
احد منكم الا بالبراج او مشعل او شموع وترى الفرس الجواد يسمع وطى الماشى البعيد في ظلم

حتى انه رجلانه ينبه صاحبه من نومه بركض رجليه حذارا عليه من عدوا او سبع او لبه وهلك
كثير من الحمير والبقر اذا اسلك صاحبها طريقا ما تلكها قبل ثم خلا رجعنا الى مكانه
ويجد من الغنم في اثنا ما الملمية اولادا وقد وجد من الامر ما قد سلكه طريقا دفعات ثم انه يضل فيه وراه
كلامه لا يشكل عليه الامانة ولا يستنبه او يحكل عليها والانسى انما كلها ثم يمضى بها معنى الشهد وكسهل

déjà rencontré dans sa description d'un cosmos divisé en deux, parle, en relatant son voyage en mer Indienne, d'animaux de l'Afrique et de l'Inde, tels le rhinocéros, la girafe, l'hippopotame, le phoque, qu'on est surpris de trouver ici et, plus étonnant encore, la licorne, qui semble être à ses yeux un personnage réel.

Avant les Occidentaux, les Arabes ont remis les sciences naturelles au goût du jour en faisant des recherches en botanique : leurs découvertes concernent essentiellement le domaine pharmaceutique. Signalons, dans le domaine de la minéralogie, que c'est Ibn Sina qui a opéré la division des minéraux en quatre groupes : pierres, minerais, combustibles et sels.

La botanique semble être perçue de façon plus scientifique
que la zoologie, notamment grâce aux nombreux apports
arabes. Il est vrai que les plantes étaient utiles
pour les médecins. Parmi elles, citons l'anis et le carvi.
Les Propriétés des plantes,
manuscrit arabe écrit à Bagdad au XIIIᵉ siècle.
New York, Collège privé. © Roland et Sabrina Michaud/Rapho.

En Amérique, en revanche, les peuples mayas et
aztèques sont largement plus en avance que les
Occidentaux ! Les Mayas savent déjà, avant l'an mil,
utiliser la quinine contre la malaria. Le poivrier et la
salsepareille, grâce aux compositions des herboristes
médecins, ont des vertus curatives. Les Aztèques se
montrent sans pareils pour l'usage du cataplasme, des
onguents, des emplâtres (avec lesquels on réduit les frac-
tures), des infusions, des purgatifs, cela à l'aide des
herbes les plus variées.

Parmi les ouvrages qui résument le mieux les opi-
nions et les principes de la science sur les plantes, sur
les minéraux, sur les animaux utiles ou nuisibles, il faut
citer le *Jardin de santé*, recueilli par Hildegarde, abbesse
de Bingen (1140), comme un répertoire de recettes et

de secrets à employer dans certains cas de maladie.
Hildegarde, ainsi que beaucoup d'autres abbesses de
son temps, se livre à l'étude des choses naturelles, surtout celles qui peuvent se rapporter à l'art de guérir ;
elle cultive elle-même des plantes médicinales et elle
en constate les propriétés. Il y a donc, dans un grand
nombre de monastères d'hommes et de femmes, non
seulement des jardins botaniques, mais encore des col-
lections de fossiles, de minéraux, de coquillages, d'her-
biers et d'animaux, conservés par divers procédés de
dessiccation. De là ces encyclopédies du Moyen Âge,
ces vastes compilations descriptives, surchargées d'erreurs populaires, il est vrai, mais néanmoins remplies
de détails curieux et intéressants, qui ont été rédigées
dans toutes les langues, depuis le XIIᵉ siècle, et qui, mul-
tipliées par des copies où le dessin a parfois expliqué
et complété naïvement le texte, se trouvent enfouies
dans les grandes bibliothèques, sans avoir jamais obtenu
les honneurs de l'impression.

Un traité fait exception, un poème moral intitulé
*L'Anti-Claudien, ou du Devoir de l'homme bon et par-
fait*, qui est composé à la fin du XIIᵉ siècle par Alain
de Lille et qui présente, dans un tableau général des
sciences et des arts, de nombreuses observations sur
l'histoire naturelle. Par ailleurs, entre 1157 et 1158,
Eugène de Palerme étudie les éruptions de l'Etna, tel
un Pline moderne.

Au XIIIᵉ siècle, finalement, Ebn-Béitar, natif de
Malaga, voyage en Asie pour observer les plantes, avant
de devenir intendant des jardins de Damas. À la même
époque, Abdallatif est l'auteur d'une description fort
exacte des plantes et des animaux de l'Égypte et fait
preuve d'une rare sagacité en relevant, dans l'examen
d'une momie, de graves erreurs que Galien avait com-
mises en ostéologie. Parallèlement, les voyages en
Orient vont se multiplier, tant du fait des croisades
que de la mise en place d'une route commerciale de
la soie. À la même époque, Pierre de Crescenzi ou de
Crescentiis, né à Bologne en 1230, amoureux de l'agriculture et de l'horticulture, compile une espèce
d'encyclopédie agronomique, *Opus ruralium com-
modorum*. Mais au cours de ce même siècle, un autre
homme de génie, Vincent de Beauvais, s'intéresse à son
tour aux sciences naturelles.

صفت بلسان و خوئیت او چنانچه در بزرگی درخت یلنج راک مراق النیل مینماند و برک او مشابه برک
سدابت بلکه مایلتر بسفیدی تازگی و میر چنینه در بود و از
روغانه خود و چله نوع باشد در تخمهای او بدانی رسی و خربی نام
کرده انداز برک او راصغیر المحصود زیرا که اماشیر بلسان را اخذ بکند در زمان برآمدن
الجیار ز در شگافتن ساق درخت او بنشند و آن را از آین بعد از آن
دوشیده می شود و از آن اندک اندک حاصل می باشد مقدار آنچ فروده آید
از درخت در تمام سال شش یاسف کوزه کوزه که چوک کند و زیاده بر این
نیست و فروشند در معدن او بهد و مقدار او راوز بهتر انواع روغن بلسان

معرفی احسن این نقصه

اورا بعضی روغنها یا بعضی صا
بروغن سوسپن یا بروغن جب البا
بروغن موردی یا بروغن خنا
و آسانت و انشتن او هرکا
باقی نمی ماند در او چت ر
از روغن باقی می ماند را
آمک غیر خالص باشد و را
باب بک بنشینه در حال و بکرد و ب
بجیری بربالای برابنی آب
از کنه و لطیفه قره وصا فی نزات و
و قوی فعله آن آنچ کنه و راو
می شود در زمان دراز و از منا فعش کم
کنته اند آنک خالص ت از روغن
هرکاه که آنک خالص کند و را آب بک بنشینه در

که نوو خوش بو باشد که آمچنه نشه بود و با ترشی و زو چل کرده
در آب و در طم و بنیز اندکی باشد وی آینه اند او را بانوع
محتلفه پس بعضی زمردم می آمیزه
بقفر یا بجیری از قفر یا بدانک نشین یا
از عسل موی که که داخله باشد
بسیار غیر روغن بلسانت و
خالص اورا بربار به پشم و بشویند
که بکناند خالص زو بربشیر به بند و اورا
بیست و بنیز خالص را
و آنچ آ مبنه بود
باشد بهتر
بوی او
حاصل

معرفی ثانی

معرفی ثالث

**Louis IX et Vincent de Beauvais,
à qui le roi commanda le fameux *Miroir du monde*.**
Vincent de Beauvais, *Miroir historial.*
Speculum historiale (trad. Jean de Vignay), XIVᵉ siècle.
Bibliothèque nationale de France, Français 316, fol. 1.

Vincent de Beauvais, moine dominicain, est un auteur incontournable pour tout passionné du Moyen Âge, du fait de son *Speculum majus* (*Miroir du monde*). Cette entreprise serait liée à son arrivée comme lecteur, chargé de l'éducation des moines, à l'abbaye de Royaumont en 1245, semble-t-il sur la demande du roi Louis IX lui-même. De même, le roi aurait commandé et financé l'énorme encyclopédie, devant rendre compte du savoir du monde, écrite par Vincent, au moins à partir de 1245, et ce jusqu'en 1258. Son encyclopédie se divise en trois parties : le *Miroir de la nature*, le *Miroir doctrinal*, qui parle de l'art et des sciences, et le *Miroir de l'histoire*, qui traite de l'histoire du monde depuis les origines jusqu'à la fin des temps. L'ensemble, divisé en 80 livres, contient 10 000 chapitres.

Vincent, qui a traduit la relation du voyage de Jean de Plano Carpini dans la Grande Tartarie, se passionne pour ces explorations lointaines qui donnaient raison selon lui aux fables les plus étranges de l'Antiquité recueillies par Pline. Aussi les répéta-t-il dans le premier tome du *Miroir de la nature*, en ne rejetant aucune des erreurs superstitieuses de son époque. Selon lui, en effet, la mandragore a la forme du corps humain ; le dragon ailé enlève un bœuf et le dévore dans les airs ; l'agneau de Scythie, animal-plante, tient au sol par une tige et par des racines ; l'arbre de vie ou l'arbre qui pleure se conserve, comme une allégorie vivante, dans les sérails de l'Orient. Vincent de Beauvais raconte les merveilles du serpent basilic, dépeint la tendresse proverbiale du pélican pour ses petits, parle du vol indéfini du phénix, et affirme qu'en Écosse les fruits de certains arbres produisent, en tombant dans l'eau, des canards noirs, appelés « macreuses ». Lecteur à l'abbaye cistercienne de Royaumont à partir de 1247, il a des relations suivies avec Louis IX. On ignore quelle fut sa fin.

Des innovations pour l'agriculture :
la charrue et la herse

Longtemps, il a été d'usage de considérer que tous les progrès de l'agriculture dataient du XIᵉ siècle, juste après l'an mil, au moment où l'Occident se réveille et connaît une heureuse expansion, notamment économique et démographique. Mais la recherche récente a permis de prouver que, paradoxalement, les principales inventions sont soit largement antérieures, soit largement postérieures à cette époque.

La première charrue à roue, avec le soc asymétrique et le versoir, apparaît dès la seconde moitié du VIᵉ siècle dans les pays slaves et germaniques, remplaçant l'araire sans roues ni soc. Désormais, il est possible de retourner la terre en profondeur. Cette charrue se développe en France durant l'époque carolingienne, en même temps que d'autres progrès techniques tels que le collier d'épaules ou le fer à cheval. Les bœufs sont progressivement remplacés par des chevaux de trait. Autant de progrès techniques qui sont réalisés dès l'époque carolingienne.

C'est à la fin du XIIᵉ siècle et au XIIIᵉ siècle, où les terres mises en culture après l'an mil s'appauvrissent, qu'on cherche de nouveaux outils pour ne pas voir la production ralentir. Ainsi, la herse est mise au point autour de 1080, suivie, dans la première moitié du XIIᵉ siècle, de la charrue dissymétrique avec versoir.

Système d'irrigation chinois. Un animal fait tourner un axe qui met en route des seaux ou des godets qui se remplissent d'eau, puis la déversent dans une cuve.
© Roland et Sabrina Michaud/Rapho.

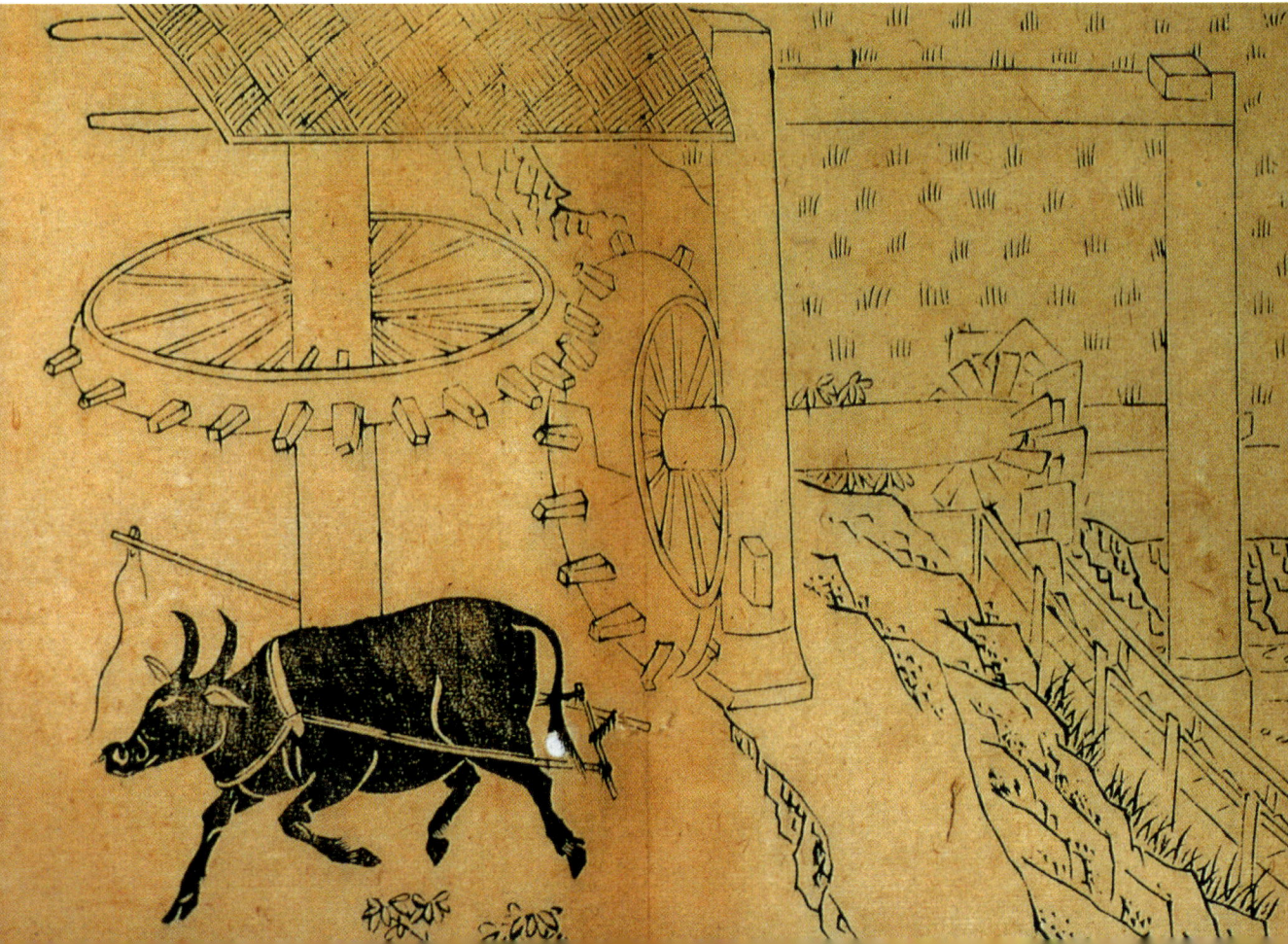

Cette illustration datant de 1100 environ représente un attelage complet de charrue, avec les bœufs, les roues, le soc.
Après avoir longtemps cru que les progrès en matière d'agriculture avaient tous vu jour au XIᵉ siècle, on se rend compte qu'ils furent progressifs, et inégaux selon les régions. En l'an 1000, l'utilisation du cheval, du harnais et du soc était déjà pratiquée, notamment vers l'est de l'Europe.
Terentius, *Comoediae*, vers 1100.
Bibliothèque municipale de Tours, ms. 924, fol. 28 v°. Photo IRHT.

Page de gauche.
Cette rare image des VIᵉ-VIIᵉ siècles représente des scènes agricoles.
Ce sont les débuts de la Création des hommes, on assiste aux travaux d'Adam et Ève, puis d'Abel et Caïn. Les moyens pour travailler sont nettement plus rudimentaires.
Pentateuque de Tours (d'Ashburnham), VIᵉ-VIIᵉ siècle.
Bibliothèque nationale de France, NAL 2334, fol. 6.

À droite.
L'arrivée du cheval dans l'agriculture apporta des progrès considérables. Il est beaucoup plus facile de le faire marcher droit et d'obtenir ainsi des sillons parallèles qu'avec un couple de bœufs.
De informatione principum (trad. Jean Golein), vers 1450.
Bibliothèque nationale de France, Français 126, fol. 7.

Le premier grand ouvrage *géographique*

La géographie d'al-Idrîsî

Au milieu du XIIe siècle, le royaume de Sicile est le centre de la culture universelle. Il est conquis par les Vikings et gouverné par une dynastie normande. Les civilisations du Nord, latine, arabe et juive s'y côtoient. Il atteint son apogée en tant que puissance autonome et centre culturel sous le règne de Roger II. Celui-ci va permettre à la géographie de faire un pas en avant en demandant à al-Idrîsî, un savant musulman qui lui est attaché, de dresser une géographie du monde.

Carte d'al-Idrîsî, accompagnant sa Géographie. On distingue en énorme la Sicile en bas, au centre. L'Italie est placée horizontalement et la côte bretonne prend des proportions considérables (en haut, à gauche). Comme on peut le voir avec l'inscription en haut à gauche, la carte est retournée. Tout part en effet de la Sicile qui apparaît en hauteur. Toutefois, c'est l'une des représentations les plus proches de la véritable silhouette de l'Europe que l'on connaisse à cette époque.

Bibliothèque nationale du Caire. © Roland et Sabrina Michaud/Rapho.

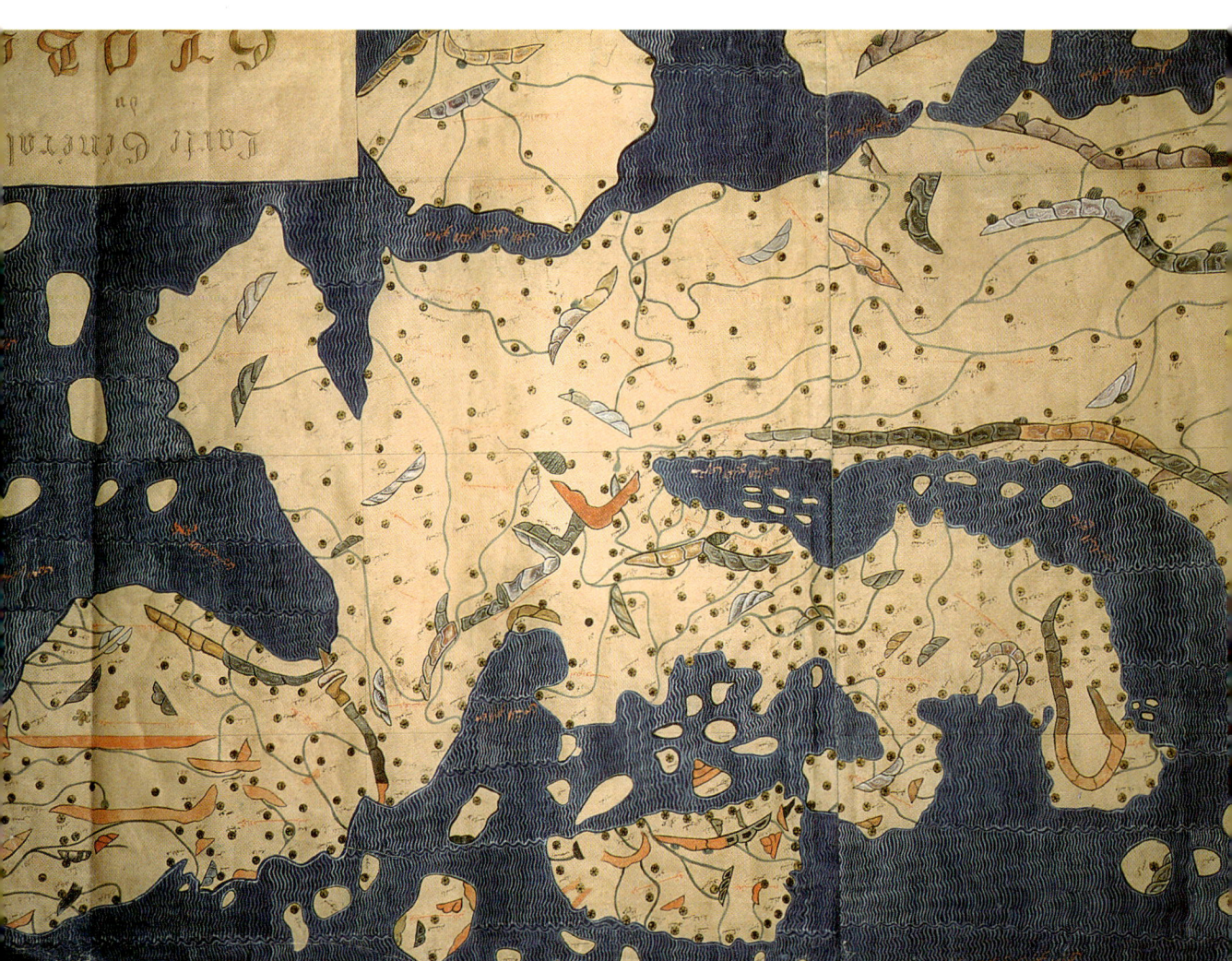

À cette époque, la géographie arabe a fait de grands progrès. Depuis deux siècles, les voyageurs arabes, qui ont inventé un nouveau type de bateau, le dhow, s'aventurent jusqu'au plus profond de l'océan Indien. Le mathématicien al-Khwarizmî, fondateur de l'algèbre, a déjà rapporté des renseignements sur l'Inde. Mieux encore, Soleyman, un marchand de Bassorah, est parti du golfe Persique dans la seconde moitié du IXᵉ siècle et a atteint les rivages de la Chine, en passant par les Maldives, les îles de la Sonde, Ceylan, Sumatra. Par la suite, d'après son récit, il a abordé Singapour, le golfe du Siam avant d'atteindre la pointe du Cambodge. Il se serait alors lancé dans la mer de Chine, débarquant à Khan-fou, actuelle Tche-kiang. On pourrait citer beaucoup d'autres exemples de ce genre et al-Idrîsî dispose déjà d'une bibliographie importante. Enfin, al-Bîrunî, que nous avons déjà rencontré dans le domaine de l'astronomie, n'a cessé de faire des recherches en matière de géodésie et de cartographie, s'efforçant toujours de calculer avec plus d'exactitude les distances d'un point à un autre.

Carte de l'Égypte, tirée de la carte du monde d'al-Idrîsî. C'est probablement le Nil qui sépare en deux la partie continentale. Idrîsî nous décrit les oasis, les déserts, la faune, la flore et les cultures du pays. Dirigée par Saladin, adversaire du célèbre Richard Cœur de Lion lors de la troisième croisade, l'Égypte est au centre du monde musulman à cette époque.
Bibliothèque nationale du Caire. © Roland et Sabrina Michaud/Rapho.

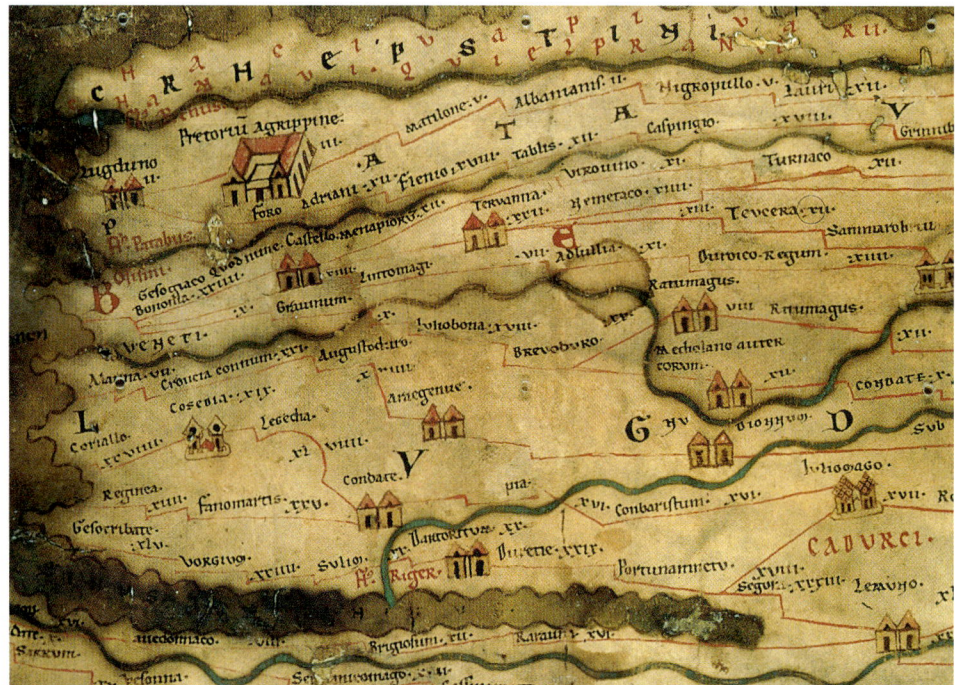

Faite à partir d'un parchemin du IIIe ou IVe siècle, la célèbre carte de Peutinger est un document précieux (mais schématique) sur les routes antiques traversant le continent européen.
Carte de Peutinger, IIIe-IVe siècle.
Document du Service départemental d'archéologie du Calvados.

Ci-dessous.
Carte du monde, tirée de l'*Apocalypse* de l'abbaye gasconne de Saint-Sever. La carte et les illustrations, datant du XIe siècle, font de ce livre, commenté par le moine Beatus, l'un des plus magnifiques du Moyen Âge. Le monde représenté dans ce livre est mauvais. Les hommes sont punis par une succession de fléaux. Mais la fin de ces temps est proche, une autre ère plus sereine va surgir.

On remarque que les « nations » romaines sont représentées côté gauche (les Gaules, l'Aquitaine), la Méditerranée est sans doute cette partie sombre qui fait la césure avec l'Asie majeure et l'Afrique (à droite).
L'Apocalypse de Saint-Sever, 1076.
Bibliothèque nationale de France, Latin 8878, fol. 45 r. v°. Photo akg-images.

Carte du monde (datant du XIIᵉ siècle). On est plus ici dans le domaine de l'allégorie que du scientifique.
Beatus Liebanensis, *Commentarius in apocalypsin*, XVᵉ siècle.
Bibliothèque nationale de France, NAL 1366, fol. 24 vᵒ.

Mais l'originalité du travail d'al-Idrîsî est de faire figurer sur cette carte l'Europe, qui apparaît à peu près complète, jusqu'à la mer Baltique, ce qui est tout à fait inédit dans la géographie arabe. On pense que le savant a dû bénéficier d'une série d'enquêtes réalisées par les officiers de Roger II. À signaler que si la Normandie est bien décrite (ce qui se comprend), la Bretagne est très réduite.

D'autres réalisations

Jusqu'à présent, la référence en matière de cartographie est la fameuse *Tabula peutingeriana* – un parchemin long de 7 mètres, copie médiévale d'un original des IIIᵉ-IVᵉ siècles. C'est une « carte routière » qui se déroule. Certes, elle comprend des inexactitudes, comme l'Afrique qui est curieusement rapprochée de l'Italie, mais elle fournit un grand nombre de renseignements sur les routes et les grandes villes. La *Tabula* est appelée *peutingeriana* du nom de son éditeur, l'humaniste Konrad Peutinger, qui vécut au XVᵉ-XVIᵉ siècle. La plus grande mappemonde médiévale connue (près de 4 mètres de diamètre) a été réalisée probablement vers 1220 par un scientifique anglais vivant en partie à la cour de l'empereur Othon IV : Gervais de Tilbury. En 1275, Richard de Haldingham réalise sa *Mappa mundi*, haute de 1,65 mètre, large de 1,35 mètre. À la même époque, des portulans commencent à être dessinés un peu partout en Europe.

Les grands voyages de découvertes
des Chinois à Marco Polo

Les Chinois en Afrique

Alors que les Occidentaux s'apprêtent à investir les routes vers l'Orient, les voyageurs chinois accostent pour la première fois en Afrique orientale aux XIᵉ et XIIᵉ siècles. Ils rapportent dans leurs pays de nombreuses informations sur les sociétés indigènes mais également sur la richesse naturelle du continent noir. Ainsi la *Description des pays étrangers* (1225-1258), écrite par Zhao Rugna, inspecteur du commerce maritime dans la province de Fou-Kien sous l'empire des Song, se base sur des témoignages fournis par des commerçants et des navigateurs, notamment en Somalie.

Les Occidentaux en route pour l'Orient

Dès l'Antiquité, les Grecs et les Romains savaient qu'il y avait des pays au-delà de l'Indus, de l'Inde et de la Chine, qui étaient aussi civilisés qu'eux. Mais les tribus d'Asie Mineure empêchèrent les Romains de s'aventurer aussi loin. Longtemps, le premier livre de voyage occidental parlant d'Asie est celui de Constantin d'Antioche (Cosmas Indikopleustès), *Exploration des mers indiennes*, qu'il rédige au VIᵉ siècle suite à ses périples en Orient et en Afrique (il se retire d'ailleurs dans le Sinaï).

Benjamin de Tudèle, fils d'un rabbin de cette ville du royaume de Navarre, voyage pendant quatorze ans (de 1160 à 1173) à travers pratiquement tout le monde connu. Il quitte Barcelone, passe par Narbonne, Béziers, Montpellier, Arles et Marseille. Puis il s'embarque pour Gênes, passe par Lucques, arrive à Rome. D'Otrante, il passe en Valachie, puis par Corfou, le golfe

Un camp de nomades.
Peinture attribuée à Mehmed Siyah Kalem, XIVᵉ-XVᵉ siècle.
Istanbul, Bibliothèque de Topkapi. Photo Dagli Orti.

de Patras, Lépante, Corinthe, Thèbes. Finalement, il arrive à Constantinople. Il visite Rhodes, Chypre, il navigue le long de la côte, passe par Antioche, débarque à Tripoli. De là, il va à Beyrouth, Tyr, Naplouse, Jérusalem. Plus tard, on le retrouve à Damas.

Il va alors traverser la Syrie, puis se rendre à Bagdad et ensuite à Bassorah. Il voyage à travers la Perse, on le retrouve à Samarkand, puis au pied du Tibet. De ce point extrême dans le nord-est, il serait revenu sur les bords du Tigre, puis, par la mer, redescendu sur le golfe Persique et, traversant la mer d'Oman, il aurait gagné la côte de Malabar.

Le voici donc aux Indes. Il va à Ceylan. Là, perdure un mystère : a-t-il vraiment été en Chine, dont il parle dans son récit ? Toujours est-il qu'on le retrouve

Caravane de pèlerins. Les échanges entre le Moyen-Orient, l'Extrême-Orient et l'Occident débutent très tôt. Byzance, puis le monde arabe, échangeant autant avec l'Inde et la Chine qu'avec l'Europe. Al-Harîrî, *Maqâmât*, XIIIe siècle.
Bibliothèque nationale de France, Arabe 5847, fol. 94 v°.

de nouveau à Ceylan, d'où il repart pour le golfe Persique. Il traverse la mer Rouge, arrive aux contrées de l'Abyssinie, et de là redescend le cours du Nil, à travers la contrée d'Assouan. Puis, par le Sahara, il revient vers Misraïm, autrement dit Le Caire. Il passe ensuite par Gizeh, Alexandrie, Damiette, le Sinaï. Revenu à Damiette, il embarque pour Messine. De là, il remonte par Rome, Lucques, le mont Saint-Bernard, arrive en Allemagne, puis en France. Il est sans doute passé à Paris.

En 1206, deux hommes, le franciscain Giovanni Carpini et Étienne de Bohême, sont envoyés par le pape Innocent IV comme ambassadeurs auprès du khan des Tartares. Ils se rendent d'abord à Kiev, chez le duc de Russie, qui les fait guider jusqu'aux bords du Dniepr, près du premier village de l'Empire mongol. De là, des Mongols les conduisent jusqu'à la Volga, au camp du prince Bathy, où l'accueil est plutôt favorable. Ils se rendent ensuite jusqu'au Turkestan pour rejoindre le khan. Mais l'empereur Ogadaï est mort entre-temps et c'est dans un royaume en crise politique que pénètrent les deux voyageurs, qui sont cependant bien accueillis. Ils ont ainsi le temps d'observer les mœurs et coutumes des Tartares. Leur mission diplomatique ne donnera aucun résultat, mais ils rapportent des détails intéressants sur les lieux visités et les personnes rencontrées.

Une quarantaine d'années plus tard, en 1253, c'est Louis IX qui charge Guillaume de Rubrouck, un moine originaire du nord de la France, de porter un message au khan mongol. Contrairement à Carpini, Rubrouck et son escorte passent par Constantinople, puis par le Don. Là, comme Carpini, ils se retrouvent vers le bord de la Volga, puis dans le Turkestan. Ils séjournent longtemps à Karakorum où ils obtiennent plusieurs audiences de la part du grand khan. Rubrouck en profite pour se renseigner sur les mœurs des Mongols, mais aussi des Chinois, notamment concernant leur mode d'écriture. Puis, retournant vers l'Occident, il passe cette fois par Astrakan, la Syrie, Césarée. Enfin, quittant l'Asie, il rejoint la France. La relation qu'il fait de son voyage est l'une des plus intéressantes, du fait que l'apport du fabuleux y est quasiment absent (pas de chimère ou de licorne dans son récit). Surtout, plus que Carpini, il a réussi à brosser un tableau géographique relativement complet d'un territoire que seuls les Arabes maîtrisaient géographiquement jusque-là. Au point que Roger Bacon en personne récupérera une bonne partie de ses renseignements. En fait, de cette longue liste de voyageurs, Guillaume est sans doute l'un des plus fiables.

Les relations de voyage mélangeaient souvent le réel avec le fabuleux ; non, d'ailleurs, par ignorance, mais plutôt par respect des traditions littéraires. Le goût pour le fantastique n'a pas attendu le XIXe siècle. Reste à savoir si les lecteurs du Moyen Âge étaient dupes ou non.
Barthélemy l'Anglais, *Livre des propriétés des choses* (trad. Jean Corbechon), 1447.
Bibliothèque municipale d'Amiens, ms. 399, fol. 157 v°. Photo IRHT.

Les voyages « littéraires » en Chine

Au XIVe siècle, le voyage en Orient est tellement en vogue qu'il devient même un genre littéraire à succès. Ainsi, l'abbé de Saint-Bertin Jean Le Long (début du XIVe siècle-1383) fait de la traduction en français de voyages en Asie sa spécialité. L'un de ses titres célèbres est la traduction d'un livre d'un prince arménien, Hayton (v. 1240-v. 1314), qui s'est retiré dans un couvent à Chypre avant d'être chargé par le pape Clément V d'écrire les événements de l'histoire de l'Arménie et de la Tartarie.

Jean de Mandeville est un personnage mystérieux. Il est sans doute un chevalier anglais. Il semble être parti en voyage à partir de 1322, probablement jusqu'en Asie Mineure. Il affirme avoir été jusqu'en Inde et en Chine. De retour en Europe à une date inconnue, il compose son récit en 1356, peut-être à Liège où il se serait retiré. Nous sommes à peu près sûrs qu'il est mort en 1372. Nous sommes surtout certains que ses *Voyages* sont un grand succès. Si l'on a un doute sur la réalité des voyages en question, l'ouvrage lui-même n'est pas sans intérêt du fait de l'enseignement géographique qu'on peut y puiser et qui prouve, au minimum, que Mandeville possède une vaste culture bibliographique. Par ailleurs, il est l'un des premiers à affirmer la rotondité de la Terre à partir d'arguments dus à un déplacement.

Dans un tout autre registre, Francesco Pegolotti, agent de la banque Bardi de Florence, écrit vers 1340 un manuel pour les négociants voyageant en Chine, intitulé *Le Livre des descriptions des pays*. Cette fois, il ne s'agit pas d'un récit de voyage, mais plutôt d'un « guide routier » avant la lettre.

Jean de Mandeville et le sultan. Image d'un livre célèbre relatant un voyage qui n'eut sans doute jamais lieu !
Jean de Mandeville, *Le Livre des Merveilles*, vers 1410-1412.
Bibliothèque nationale de France, Français 2810, fol. 175 v°.

MARCO POLO (1254-1323), LE DÉCOUVREUR DE LA CHINE ?

Les voyages

L'explorateur suivant sera motivé par des intérêts non pas diplomatiques, mais commerciaux. Les deux grandes républiques commerciales italiennes, Gênes et Venise, comprennent à la fin du XIIIᵉ siècle la nécessité de nouer des relations avec l'Inde et la Chine. Une famille de Vénitiens, les Polo, entame une série de voyages dans ce but. Les frères Nicolo et Matteo entament un premier périple sur les traces de leurs prédécesseurs, en faisant une boucle du côté de la Crimée. Ils séjournent trois ans à Boukharâ, résidence du prince Barakaï-Khan. Par la suite, ils sont invités à se rendre à la cour de Kublaï-Khan, quatrième fils de Gengis Khan, à la fois empereur de Mongolie et de Chine. Ils parviennent jusqu'aux frontières de la Chine, dans une résidence de l'empereur qui les reçoit chaleureusement. Finalement, ils retournent à Venise après quinze ans d'absence. Par la suite, ils repartent avec Marco, le fils de Nicolo. Cette fois, le voyage va être plus approfondi et les mener jusqu'à Pékin, en passant par l'Arménie, le mont Ararat, la Géorgie, Mossoul, Bagdad, la Perse, le Cachemire, Samarkand et la Grande Muraille de Chine. Les voyageurs arrivent alors à la cour de Kublaï Khan.

Légende ou fait scientifique ?

Si tout ce qui précède semble avéré, un doute persiste sur la suite : Marco a-t-il acquis l'estime et la confiance de Kublaï au point de se voir confier des fonctions administratives et, même, des missions d'informations dans l'empire ? Marco nous retrace la traversée de la Chine, nous parle du fleuve Jaune et du Tibet, du Japon (appelé alors Cipangu). Il est passé par l'île de Java, est reparti par Sumatra, Ceylan, la mer d'Oman, Madagascar, Zanzibar, l'Abyssinie. De retour chez lui après vingt-quatre ans d'absence, il est emprisonné par les Génois lors d'un conflit naval entre les deux républiques italiennes. C'est au cours de sa captivité que Marco Polo relate ses voyages à un autre prisonnier, Rusticien de Pise,

Si l'on en croit ce qui est marqué dans cet ouvrage, appelé également *Livre des Merveilles*, Marco Polo, suite à son voyage de Venise jusqu'à la Chine, aurait connu les geôles vénitiennes et aurait dicté à son compagnon de cellule, Rustinien de Pise, le récit de ce voyage et la description de ce qu'il avait vu. On ne saura jamais vraiment le fin mot de cette histoire. Toujours est-il que le récit dit de Marco Polo est l'un des grands succès du Moyen Âge et de la enaissance, une référence pour ceux qui veulent partir vers l'orient.
Marco Polo, *Le Devisement du Monde*, 1410-1412.
Bibliothèque nationale de France. Photo akg-images.

personnage qui n'est pas forcément d'une grande clarté (il aurait remanié à sa façon des romans arturiens).
Nous nous trouvons donc devant plusieurs hypothèses :
1° On ne saura jamais, dans le livre, ce qui revient à Marco Polo et ce qui provient du talent du réarrangeur qu'est Rusticien.
2° L'original est perdu, sans doute à jamais, et nous ne possédons que des copies, ou plutôt des dérivés, autrement dit des textes à leur tour réarrangés.
3° Marco Polo n'aurait jamais été en prison et Rusticien ne serait donc plus qu'un simple copiste, n'ayant jamais eu accès aux confidences de l'explorateur qu'il prétend avoir rencontré en ce lieu.
4° Son ouvrage, *Le Devisement du monde* ou *Livre des Merveilles*, n'est pas à proprement parler le récit de son voyage, mais celui d'un voyage idéal en Orient. Il est probable que Marco Polo a voulu, à partir de ce qu'il a réellement vu, de ce dont il a entendu parler et de certaines croyances de l'époque, bâtir le plus merveilleux voyage en Orient dont on puisse rêver. Cela n'enlève rien aux qualités littéraires, ni même scientifiques de l'ouvrage car les renseignements concernant la géographie, la zoologie, l'ethnologie et l'organisation de l'empire sont nombreux. Quand Marco Polo meurt en 1323, il est une célébrité européenne et laisse derrière lui l'un des livres les plus marquants non seulement du Moyen Âge, mais de tous les temps. Marco Polo est devenu le symbole du voyage en Asie.

L'invention de la *boussole*

**Astrolabe arabe
du IXe-Xe siècle.**
Photo akg-images/Jean-Louis Nou.

Les Chinois ont connu très tôt la déclinaison magnétique, au plus tôt dès le IVe siècle, au plus tard au VIIIe. Toutefois, ils ne l'appliquent aux techniques de navigation qu'au milieu du XIe siècle. Les propriétés de l'aiguille aimantée sont signalées pour la première fois dans l'ouvrage *Mengqi Bitan* (*Propos du ruisseau des rêves*), écrit par l'ingénieur Shen Gua vers 1086 : l'aiguille « montre-le-sud » indique le cap au marin même lorsque le Soleil et l'étoile Polaire sont cachés par les nuages. Pour les Chinois, en effet, le point cardinal de référence était le sud, non le nord. La boussole est née. Un siècle plus tard, les Arabes la découvrent au cours de leurs voyages en Orient.

**Boussole persane datée de 1289,
en provenance d'Iran.**
Bibliothèque nationale de France, Monnaies, Médailles et
Antiques, Inv. F 6910.

c'est assauoir /6/ degrez quil prent ou nordest a sa leuee et /12/ degrez quil fault quil ne se couche au ouest et quil prent a sa couchée /12/ degrez. Et en comptant depuis le su allant vers lest, vous treuuerez /18/ degrez plus que ne ferez au costé du ouest. Et par ainsi lon puist dire
estre lest de la ligne diametralle /18/ degrez. Aduis il conuyent scauoir par quel degré de haulteur de lattitude c'est que lon est. Sy lon treuue que
/45/ degrez de lattitude loing de l'equinodial, il conuyendra regarder a la table des degrez de longitude par lattitude. Et lon treuuera que
que contient /12/ lieux et ⅓. Donc les /18/ degrez ensemble vauldroient 98 lieues ⅔ que lon seroit par deuers lest de la ligne dyametralle
loy puist faire le poinct en sa carte marine. En la maniere comme cy deuant a esté declaré. Voilla comme lon doibt treuuer la
... charny endroit par le midy et par la leuee et couchée du solleil. Dont pour contemplation s'ensuit une petite demonstra-

Ensuict Le moyen de treuuer
- La longitude De lest et ouest Par l'estoille du nord -

Il doibt scauoir et entendre que par aller en lest ou au ouest et aux aultres rumbz de vent enuironoisins lon
eschange, l'estoille du nort l'ayant tousiours au contraire de soy mesy en quelque lieu que lon soit. Et parce
eschangement de ladicte estoille du nord lon puist treuuer la longitude que lon est loing de la ligne
dyametralle. Dont pour la prendre ainsemet il conuyent que ladicte estoille du nort soit au droit de son
polle, c'est a dire droit dessus ou desoubz icell qui sera quand les gardes seront au nordest ou au soroest
de l'estoille. Car sy lesdictes gardes sont a luy des aultres rumbz de vent il conuyent d'aiuster ou substra-
rumbe de vent auquel ilz seront comme cy apres sera declaré. Donc sy lon desire scauoir par l'estoille du nort combien lon sera
...ig de la ligne dyametralle et que les gardes soyent au nordest ou au soroest de lad. estoille du nord il conuyendra auoir son compas
...ty iustement tourné droit nort et su et composé comme cy deuant a esté declaré. Aduis il conuyent tourner les filletz qui sont a...
...ont compas droit a l'estoille du nort passantz a visiere luy par l'aultre droit par dessus le centre ou chapelle dudict compas
lesdictz filletz demonstreront dessus la graduation d'icelluy compas combien de degrez ladicte estoille du nort prendra de degr...

Les premiers compas de marine, dits « secs », sont constitués d'un disque de bronze dont la circonférence est subdivisée en degrés, au centre duquel oscille une aiguille magnétique posée sur un pivot vertical, au centre d'une rose des vents. Alexandre Neckam (1157-1217), professeur à Oxford, est le premier Européen à citer cet instrument, dans son traité intitulé *De ustensilibus*.

Les marins occidentaux naviguent aux étoiles et s'aident à l'époque (XIe siècle-début XIIe) d'une boussole rudimentaire constituée d'une aiguille aimantée, qui leur permet de rester à proximité des côtes lorsque les nuages et la pluie limitent la visibilité. Au cours des croisades cependant, dans la première moitié du XIIe siècle, les Européens ont accès à la « marinette » (ainsi appellent-ils la boussole).

La boussole, dont la fabrication est tardive en Occident, devient, dès lors qu'elle est créée, un instrument indispensable pour les voyageurs.
Jacques de Vaulx, *Premières œuvres*, 1583.
Bibliothèque nationale de France, Français 150, fol. 20.

Pierre de Maricourt, qui écrira maints textes sur le magnétisme, conçoit, à la fin du XIIIe siècle, plusieurs types de boussoles, avec flotteur, avec aiguille mobile montée sur pivot à l'intérieur d'un boîtier fermé. Cette dernière est plus perfectionnée encore que celle des Chinois. Vers 1315 est conçue la première boussole portative avec couvercle en verre.

Le moulin à foulon et le rouet :
naissance de l'industrie textile

Des procédés perfectionnés

Après l'an mil, si l'on excepte le domaine des moulins, c'est dans le secteur textile que la technique progresse avec le plus de rapidité. D'une façon générale, la fabrication des étoffes est divisée en étapes distinctes, qui requièrent un savoir-faire précis et l'utilisation de quantité d'outils différents. La main-d'œuvre

Les instruments à tisser, le fuseau et le rouet.
Au XIIIe siècle, la « mécanisation » systématique des travaux de la soie et de la draperie va donner aux patrons de cette corporation un rôle économique, mais également politique, de premier plan. Ovide, *Métamorphoses*, XIVe siècle.
Bibliothèque municipale de Lyon, ms. 742, fol. 54.

est essentiellement féminine. Les femmes interviennent dès les opérations préliminaires : elles trient les mèches de laine, les dégraissent, les peignent, les filent et les dévident. Le tissage proprement dit nécessite par contre l'intervention de maîtres artisans ou d'ouvriers.

Il faut d'abord serrer, côte à côte, un ensemble de fils ayant déjà la longueur de la future pièce de drap. Alors commence l'opération de tissage : « Assis sur un banc, l'ouvrier avait devant lui un axe, l'ensoupleau, où la pièce, au fur et à mesure du tissage, allait s'enrouler. Plus loin devant lui se trouvait la grosse ensouple (l'arbre à tisser) où s'enroulaient les fils de la chaîne, bien tendus entre les deux ensouples et très serrés. L'ouvrier, par une pédale, soulevait une première lice (baguette passée sous les fils pairs de la chaîne), passait la navette, soulevait ensuite la deuxième lice (passée sous les fils impairs) et passait encore la navette. Des peignes maintenaient régulier l'écartement des fils de chaîne et serraient au fur et à mesure les fils de trame » (G. Fourquin, *Histoire économique de l'Occident médiéval*, Armand Colin, 1990 - 3ᵉ édition).

D'importantes améliorations techniques

Au XIIIᵉ siècle, l'Angleterre prend la tête de l'industrie mondiale des textiles. Elle utilise en effet des techniques nouvelles comme le moulin à foulon, mais aussi le rouet. Elle devient le partenaire privilégié des Flandres, lesquelles se spécialisent dans la fabrique et le commerce des draps dès le XIᵉ siècle. La raison en est que les artisans flamands sont devenus peu à peu de véritables ouvriers : ils ont utilisé un métier à tisser de taille plus importante que de coutume, ce qui leur permettait de réaliser des pièces de tissu standardisées. Au XIIᵉ et surtout à partir du XIIIᵉ siècle, la Flandre devient le premier centre économique d'Europe.

Le travail du textile devient, à partir des XIᵉ-XIIᵉ siècles, la plus importante industrie médiévale avec celle des moulins. Au point qu'il n'est pas exagéré de dire que l'une des causes de la guerre de Cent Ans provient des relations entre les travailleurs du textile anglais et flamand avec la France.

Boccace, *Des dames de renom* (*De mulieribus claris*), XIVᵉ siècle.
Bibliothèque nationale de France, Français 598, fol. 13.

Métier à tisser chinois.
© Roland et Sabrina Michaud/Rapho.

L'édition au Moyen Âge :
l'invention du livre relié

Longtemps conçu sous forme de rouleau plié, l'ouvrage écrit va peu à peu se constituer sous forme de feuilles reliées par une couture. C'est le « codex », autrement dit notre livre moderne. On ignore encore aujourd'hui la date exacte de l'apparition du premier codex. En Chine, c'est très certainement dès le Ier siècle de notre ère, avec l'apparition du papier. Il semble qu'en Occident il faille attendre le IIIe ou le IVe siècle de notre ère.

L'édition du livre : un instrument de diffusion des connaissances

Sans les innombrables traités, encyclopédies et traductions latines dont disposent les fonds médiévaux de nos bibliothèques, la plupart des chercheurs du Moyen Âge auraient eu beaucoup de difficultés à progresser dans leur science, tant la pratique de l'étude des textes anciens plutôt que l'expérimentation fait partie des mœurs. Par ailleurs, sans ces éditions médiévales, nous ne saurions aujourd'hui pas grand-chose des découvertes et des progrès de tous ces combattants quotidiens pour l'innovation technique et l'avancée scientifique.

Il convient de prendre quelque précaution concernant le terme d'« édition », s'agissant de l'époque mé-

diévale. Il faut comprendre la réalisation d'un livre à partir d'un but premier, souvent une commande : recopier une œuvre classique, telle que *L'Éthique à Nicomaque* d'Aristote par exemple, sur la demande d'une abbaye ou d'un seigneur qui désire que sa bibliothèque possède un exemplaire. Souvent, la commande n'est pas un simple souhait personnel mais le désir de faire perdurer un texte ancien en lui ajoutant une nouvelle copie. Mais, bien entendu, pour une abbaye, posséder des copies de textes prestigieux (ou mieux, mais plus rare, des originaux de textes prestigieux) est une garantie d'avoir fréquemment des visites de chercheurs, des dons pour l'abbaye et de se faire une renommée. À noter que, dès l'année 175 de notre ère, le gouvernement impérial chinois prend en main des projets éditoriaux : par la suite, toutes les dynasties disposent d'ateliers d'impression qui leur sont propres et la dynastie Song (960-1279) ne se contente pas de réglementer l'édition chinoise, mais prend également soin de conserver des monopoles dans les domaines de l'astronomie, des calendriers, des archives d'État et des recueils de lois. À partir de 953, l'empereur Song Taizu fait graver l'édition des « Neuf Classiques », puis, de 971 à 983, les 130 000 planches de l'édition princeps du *Canon bouddhique*, véritable chef-d'œuvre, tant par sa dimension esthétique que par son ampleur.

Mais la réalisation sur commande d'un livre peut concerner un nouvel ouvrage. Un bon exemple est le *Miroir du monde* de Vincent de Beauvais, encyclopédie effectuée sur la demande, semble-t-il, de Louis IX.

L'apparition du livre illustré

Dès les premiers livres chinois, un autre enjeu se fait jour, qui concerne la présentation du livre, plus précisément son illustration. Le livre doit être œuvre d'art. Un principe qui sera par la suite également celui des « éditeurs » occidentaux, irlandais et bénédictins

Le volumen, ou rouleau de papier, sous l'Antiquité.
Fabriqué à partir d'une plante appelée *papyrus*,
il ne se prête pas au pliage, et encore moins à l'écriture
recto verso. Aussi est-il plus pratique de le rouler.
Il ne s'agit toutefois pas d'une longue bande de papier,
mais bien de plusieurs feuilles collées côte à côte :
l'ensemble est alors enroulé autour de plusieurs bâtons.
Mosaïque romaine, IIIe siècle apr. J.-C.

notamment. Pour le moine occidental, le livre doit
être le symbole du thème dont il traite. Ainsi, les initiales, non seulement annoncent le mot qu'elles in-
troduisent, mais recouvrent un dessin qui a souvent
un rapport (parfois pour le contredire) avec le sujet
que le premier mot, la première phrase, le premier

En haut.
**Codex mexicain racontant l'histoire des descendants
du souverain Xoloti jusqu'à Nezahualcoyotl (1068-1427).**
Codex Xoloti, XVe siècle, Mexique.
Bibliothèque nationale de France, Mexicain 1,1.

À droite.
**Le codex est un livre aux pages reliées par une couture.
Son apparence physique est la même que les livres que
nous possédons de nos jours. Le codex commence sa carrière
à partir du IIe siècle de notre ère et on peut dire que la diffusion
du christianisme a accompagné celle de ce type de support.
Les pages du codex sont, en Europe, formées à partir
du parchemin, autrement dit des feuilles fabriquées à l'aide
de peaux d'animaux. L'illustration de cet ouvrage du IXe siècle
représente justement le pape Grégoire Ier écrivant sur un codex.**
Codex de l'Évêque de Vérone, VIIIe-IXe siècle.
Berlin, Staatsbibliothek zu Berlin-Handschriftenabteilung. Photo RMN.

Ilccr quoniam cuiidt
et ôminuo. nocem oro

Page de gauche.
Enluminures représentant la Mort. Si dès les VIᵉ-VIIᵉ siècles l'idée d'illustrer les livres prend corps tant en Orient qu'en Occident, on peut dire que l'enluminure se propage soudainement à partir du XIIᵉ siècle. De véritables artistes, tels les frères Limbourg ou Jean de Pucelle donnent ses lettres de noblesse à ce type de réalisation.
Heures à l'usage de Tours/Vie de sainte Marguerite, vers 1490.
Paris, Bibliothèque Mazarine, ms. 507, fol. 113. © Bibliothèque Mazarine.

Copiste écrivant sur des tablettes. Chaque monastère avait sa propre politique dans ce domaine. Certains étaient simplement désireux de posséder un exemplaire d'ouvrages bien précis et le travail des copistes demeurait en marge. D'autres établissements, au contraire, établissaient leur prestige sur leurs ateliers, fabricant et recopiant un grand nombre d'ouvrages, ce qui pouvait être à la base d'un commerce profitable. Plus couramment, le monastère participait d'une politique générale de conservation du patrimoine religieux, culturel et scientifique.
Des personnalités telles que Bède le Vénérable ou Charlemagne furent à l'origine de ces entreprises.
Graduel de Nevers, XIᵉ siècle.
Bibliothèque nationale de France, Latin 9449, fol. 1.

paragraphe, va mettre en scène. Les ornements sont chargés d'ajouter, par exemple, des feuillages à un livre sur la nature, des figures géométriques pour un livre sur les sciences. Le livre doit être un microcosme de ce monde dont il traite finalement toujours, qu'il s'agisse d'un roman de chevalerie ou de la vie d'un saint, encore plus pour un ouvrage scientifique. Aussi, les illustrations deviennent-elles de plus en plus courantes, de plus en plus variées, de plus en plus ludiques surtout. Il faut parfois véritablement forcer le regard sur une lettre ou un ornement de page pour distinguer un autre dessin dissimulé derrière la décoration : il y a tout un monde caché derrière les premières apparences.

Tout cela va se renforcer avec les commandes seigneuriales de livres d'heures enluminés, autrement dit des recueils de textes de prières à usage personnel, qu'on lira ou récitera à certaines heures de la journée. C'est le destinataire de l'œuvre d'art qui apparaît au centre d'un monde parfaitement bien réglé, au rythme des saisons, des planètes, d'un univers où tout se rejoint, se symétrise, où le microcosme du domaine du seigneur commanditaire doit refléter le macrocosme de l'univers.

Page de gauche.
Enluminures représentant la Mort. Si dès les VIᵉ-VIIᵉ siècles l'idée d'illustrer les livres prend corps tant en Orient qu'en Occident, on peut dire que l'enluminure se propage soudainement à partir du XIIᵉ siècle. De véritables artistes, tels les frères Limbourg ou Jean de Pucelle donnent ses lettres de noblesse à ce type de réalisation.
Heures à l'usage de Tours/Vie de sainte Marguerite, vers 1490.
Paris, Bibliothèque Mazarine, ms. 507, fol. 113. © Bibliothèque Mazarine.

A la conquête de la matière :
les recherches en chimie

Les découvertes chimiques des Arabes

La base de la chimie ou de l'alchimie est l'idée que les quatre éléments – le feu, l'eau, l'air et la terre – peuvent se confondre, peuvent se transformer l'un en l'autre. Par voie de conséquence, les métaux étant eux-mêmes constitués, comme tout l'univers, de ces quatre éléments, un métal peut se transformer en un autre métal. Cette idée, ainsi que la recherche pharmaceutique, est le principal centre d'intérêt des « chimistes » durant les premiers siècles de notre ère.

Au VIIIᵉ siècle apparaît en Orient une imposante personnalité scientifique, Jabir Ibn Hayyan, originaire de Mésopotamie, qui découvre et analyse l'oxyde rouge et le deutochlorure de mercure (sublimé corrosif), l'acide nitrique (qui n'apparaît en Occident qu'au XIIᵉ siècle), l'acide hydrochlorique, le nitrate d'argent, etc. Il enseigne, d'après une opinion déjà ancienne, que les métaux se composent de soufre et de mercure et, à ces deux éléments, il ajoute l'arsenic. Dans deux de ses ouvrages, *Summa perfectionis* et *Liber philosophorum*, Jabir pose les véritables bases de la chimie en étudiant la fusion, la purification et la malléabilité des métaux. On sait par ailleurs que le mot « alchimie » vient de l'arabe *alkimiya*.

الاشارة في طين اخضر ذو جناحين يزق طبر احمر مقعد معط ...

Al-Razi, le grand médecin que nous avons déjà rencontré, s'est aussi penché sur la question de la chimie. Au soufre et au mercure, il ajoute un troisième principe, le sel. Par ailleurs, Ibn Sina, tout en admettant les travaux précédents, fait cette déclaration inédite que contrairement à l'idée reçue, les corps ne peuvent se mélanger et se remplacer aussi facilement qu'on le dit. Sans aller jusqu'à remettre en question la théorie des quatre éléments, il se permet de douter qu'un élément mélangé à un autre élément puisse devenir exactement ce second élément, mais plutôt un dérivé. Même chose pour la matière. Ainsi, la chimie devient une science de créations nouvelles et dérivées, et non de création de la matière initiale.

Les recherches occidentales

Toutefois, au XIIe siècle, cette théorie pleine de sagesse d'Ibn Sina n'influe pas sur les Occidentaux, qui pensent qu'au contraire, connaître parfaitement les lois de la nature permet de pouvoir recréer les éléments et les matières innés. Mais le manque de compétence vis-à-vis de cette connaissance, puis les conflits avec l'Église vont empêcher la chimie de faire de nouveaux progrès décisifs. En revanche, les délires des alchimistes, ambitionnant de transformer le plomb en or, de trouver la pierre philosophale ou l'élixir de longue vie, vont vivre encore de beaux jours. C'est Roger Bacon, au XIIIe siècle, qui va apporter un nouvel élan avec l'utilisation du phosphore.

Des idées *biscornues…*

Le Moyen Âge est mécanique. Il ne cesse d'innover ou de chercher à innover pour pouvoir travailler plus vite et moins durement. La course à la rentabilité pour le plus bas prix est une notion ancrée dans les mentalités dès le XIIIᵉ siècle. Nous avons vu les progrès pour tout ce qui concerne la meunerie et le tissage, les deux fers de lance de l'industrie médiévale. Mais bien d'autres inventions ont été imaginées, sans être réalisées, par les ingénieurs, principalement du XIIIᵉ siècle. À l'origine, comme toujours, la mécanique part plutôt de l'Orient, aussi bien Byzance d'ailleurs que le monde arabe ou la Chine. Dès les VIᵉ-VIIᵉ siècles, les empereurs de Byzance sont entourés de dispositifs ingénieux et d'automates : « Un arbre de bronze doré supportant des oiseaux métalliques qui émettaient des sons, des lions d'or qui se dressaient sur leurs pattes postérieures et qui "rugissaient" ainsi qu'un mécanisme qui permettait de soulever le trône impérial. » Le mécanicien célèbre de cette époque est Anthémios de Tralles, mathématicien et technicien, qui s'occupe autant d'architecture et de machines de guerre que de créer des automates.

Aujourd'hui nous connaissons plutôt Villard de Honnecourt, architecte et technicien du XIIIᵉ siècle. Son Carnet est devenu presque aussi renommé que ceux de Léonard de Vinci. Né à Honnecourt en Picardie, il travaille entre 1225 et 1250. Il a débuté sur le chantier de l'abbaye cistercienne de Vaucelles dont il a dessiné le plan du chœur. Il aurait également construit des ponts et fait des dessins de mécanique, notamment pour chercher à résoudre le problème du mouvement perpétuel. Les moulins ne suffisent plus, il faut trouver d'autres solutions pour produire toujours plus et plus vite. Villard est l'auteur de la première représentation connue de la scie hydraulique. Il a également représenté un schéma d'un mouvement d'horlogerie et songé au chauffe-mains ainsi qu'à un mécanisme complexe pour scier du bois sous l'eau. Il a en outre dessiné un pont de 17 mètres de long permettant de franchir une rivière de montagne. Tous ces dessins ne sont pas d'ailleurs de première main. Villard, avide de rassembler des documents technologiques, recopiait parfois à partir d'autres dessins.

Au XIIIᵉ siècle, deux inventions chinoises (la brouette et l'horloge) et une idée provenant de l'Inde (celle du mouvement perpétuel) font leur entrée en Europe, toutes trois correspondant parfaitement à l'état d'esprit des concepteurs médiévaux de cette époque.

Un automate. Illustration tirée d'un manuscrit persan.
Al-Qazwînî, *'adjâ'ib al-makhlûqât* (trad. bâyazîd bastakî),
XVᵉ siècle.
Bibliothèque nationale de France, Supplément persan 2051, fol. 182 v°.

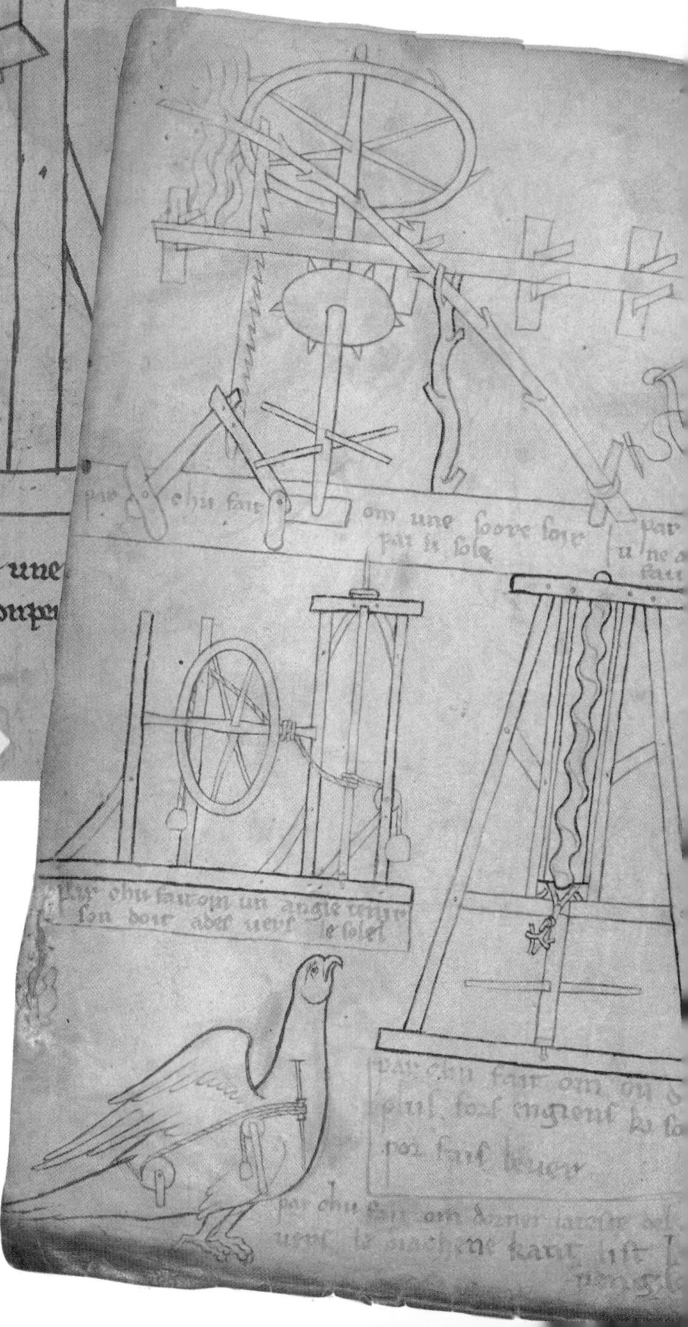

Ci-dessous.
Villard de Honnecourt a représenté, en haut, une scie hydraulique, au milieu à droite une machine élévatoire ; l'aigle en bas est un automate.
Villard de Honnecourt,
Carnet de dessins, XIIIe siècle.
Bibliothèque nationale de France, Français 19093, fol. 22 v°.

Ci-dessus.
Villard de Honnecourt a tenté d'illustrer le mouvement perpétuel, avec cette légende : « Des maîtres ont, maintes fois, débattu de (la façon) de faire tourner une roue toute seule. Voici comme on peut le faire avec des maillets (en nombre) impair ou avec du vif-argent. »
Villard de Honnecourt, *Carnet de dessins*, XIIIe siècle.
Bibliothèque nationale de France, Français 19093, fol. 5.

LE VISAGE DU MONDE CHANGE

La fin du XIIIe siècle apporte un changement radical en Europe : le temps se comptabilise et la guerre revêt un nouveau visage. Désormais, le commerçant vit dans un univers temporel qui n'est plus vraiment celui de l'Église. Ce n'est plus l'heure des vêpres ou des matines qui rythment la journée, mais celui du rendement pour la fabrication des marchandises et leur transport. Avoir une heure exacte, qui soit la même pour tous, devient de plus en plus indispensable. Au même moment, les guerres deviennent elles aussi plus techniques : ce n'est plus la prouesse du chevalier mais celle de l'archer, de l'arbalétrier ou éventuellement, à partir du siècle suivant, la puissance de la bouche de feu qui font gagner une bataille. La chevalerie, écrasée tour à tour à Crécy, à Poitiers, à Azincourt, n'est plus l'objet de référence, même si elle reste encore présente dans les romans.

Un certain rationalisme commence à s'installer dans ce monde dont les règles changent. Des souverains comme Philippe le Bel, Charles V, Charles VII puis, surtout, Louis XI, inventent l'État moderne, c'est-à-dire celui où la raison d'État et la cause nationale l'emportent sur toute autre considération. On commence aussi à raisonner en dehors de Dieu, tout en restant bien entendu de fervents chrétiens. L'Église s'en émeut et va réagir, causant un certain ralentissement dans les différents domaines de recherche, également provoqué par ces chocs que sont la peste noire et une longue série de guerres fratricides qui dévastent l'Europe. Il faut se rappeler qu'au XIVe siècle il y a deux papes, l'un à Rome, l'autre à Avignon, deux familles qui se disputent l'Empire germanique, un conflit pour la couronne de France, deux familles qui revendiquent le duché de Bretagne, une querelle dynastique en Espagne et la même chose en Angleterre !

Face à la France et à l'Angleterre qui ne cessent de s'affronter tout en préparant l'Europe de demain, le reste du continent a du mal à se stabiliser. Seule la péninsule Ibérique tire son épingle du jeu à la fin du XVe siècle. Autrement, ce sont des séries de mini-États, des villes italiennes ou flamandes, qui commencent à dominer le commerce et parfois l'art européen.

La face du monde a changé parce qu'elle ne regarde plus du côté de l'océan Indien et de la Méditerranée. Byzance s'écroule, le monde arabe, l'Inde, la Chine, si longtemps en avance sur l'Occident, semblent stagner du point de vue technologique et culturel, tout en connaissant toujours des périodes de grandeur. Subitement, tandis que la mer du Nord devient à son tour un centre d'échanges de premier plan, l'océan Atlantique fait parler de lui : Vasco de Gama longe l'Afrique à l'ouest, puis dépasse le cap de Bonne-Espérance ; au même moment, Christophe Colomb atteint les Antilles.

Page de gauche.
À la fin du Moyen Âge, la notion de l'espace est bouleversée.
La découverte de nouvelles terres change la face du Monde.
Barthélemy l'Anglais, *Livre des propriétés des choses*
(trad. Jean Corbechon), 1447.
Bibliothèque Nationale de France, Français 134, fol. 169.

L'Église contre *la science ?*

Il n'y a pas eu en réalité de véritable lutte entre l'Église et la science : tous les scientifiques du Moyen Âge sont religieux. Il y a tout simplement des affrontements verbaux, des frictions, qui vont subitement dégénérer à la fin du XIIIe siècle.

Au début du XIIe siècle avait déjà éclaté une controverse sur la nature des idées générales et universelles, c'est-à-dire de ces idées qui peuvent s'appliquer à plusieurs choses, comme l'idée d'humanité par exemple s'applique à tous les hommes. Les choses générales ne sont-elles que des formules commodes pour abréger le travail de l'esprit et soulager la mémoire ? Ou bien y a-t-il, en dehors des idées particulières, une essence distincte, un modèle immuable de leurs caractères communs ?

À la fin du XIe siècle, un chanoine de Compiègne, Roscelin, soutient que toute réalité est dans les individus. Pour lui, les idées générales ou les universaux n'ont pas d'objet réel ; ce sont de pures abstractions verbales, de simples mots, *nomina* ; d'où la qualification de nominalisme donnée à cette doctrine. Ses adversaires, qui attribuent aux universaux une certaine réalité, s'appellent « réalistes ».

Pierre Abailard (1079-1142) a suivi les leçons de Guillaume de Champeaux, réaliste convaincu ; mais il se prononce bientôt contre lui. Brillant orateur, il connaît immédiatement une grande popularité et invente un système nouveau, le conceptualisme. Il consiste à dire que les universaux ne sont ni des réalités ni de simples mots, mais des conceptions de l'intelligence, qui, ayant observé la ressemblance que plusieurs individus ont entre eux, résume ces ressemblances en une notion qu'elle étend à tous les individus.

Un autre grand débat qui va agiter le monde des philosophes est la question de savoir si le monde a

Averroès dialogue avec Porphère. Ibn Rushd (appelé Averroès par les Occidentaux) qui vécut au XIIe siècle, est l'un des premiers savants arabes à avoir tenté de démontrer que la foi seule ne suffit pas, que c'est Dieu lui-même qui souhaite que les hommes s'efforcent de comprendre et d'expliquer l'Univers. Aussi, lors de la réaction théologique de 1277 qui vit l'institution religieuse mettre un frein sérieux aux recherches scientifiques, le nom d'Averroès fut souvent cité comme auteur dont les livres devaient être proscrits. Monfredo de Monte Imperiali, *Liber de herbis*, XIVe siècle. Bibliothèque nationale de France, Latin 6823, fol. 2.

Thomas d'Aquin. Tout en s'opposant aux écrits d'Averroès, il eut une position ambiguë vis-à-vis de l'Église, voulant réconcilier la foi et la raison.
Thomas d'Aquin, *Summa contra gentiles*, XVe siècle.
Bibliothèque municipale d'Avignon, inc. 507, fol. 1. Photo IRHT.

existé de toute éternité. Au Moyen Âge, la réflexion philosophique est suffisamment avancée pour que l'on commence à contredire les révélations de l'Écriture. Certains penseurs font la distinction entre ce qui ressort de la foi et ce qui ressort de la raison. En 1277, l'archevêque de Paris condamne 219 prises de position philosophiques tenues à l'Université à l'encontre de la foi. Désormais, toute recherche, notamment sur les lois de la nature, est déclarée vaine et hérétique : seul Dieu décide des lois, qu'il peut parfaitement modifier.

Toutefois, de nombreux penseurs, comme Thomas d'Aquin, vont continuer de tenter de résoudre ces problèmes tout en s'efforçant de ne pas attaquer de front les autorités religieuses. Mais au XIVe siècle, un philosophe audacieux, Guillaume d'Ockham (v. 1280-1349), s'affiche ouvertement nominaliste, et considère également que « Dieu peut faire tout ce qui n'entraîne pas contradiction logique ».

NICOLAS ORESME (1322-1382) : UNE TENTATIVE DE RATIONALISME

Nicolas Oresme est né du côté de Bayeux, en Normandie. Élève avant de devenir grand maître du Collège de Navarre, les débuts de sa carrière sont plutôt politiques : en plein conflit franco-anglais, Nicolas Oresme se tourne rapidement du côté des rois de France. Il réalise un lourd travail de traduction de nombreuses œuvres d'Aristote, notamment *Du ciel et du monde*. Mathématicien et géomètre, il s'intéresse à tout ce qui concerne le calcul des relations et des proportions dans la mécanique céleste, à la chaleur, à la densité ou à la vitesse d'un mouvement. Il remarque notamment notre incapacité à percevoir de façon nette un mouvement, y compris celui d'un véhicule dans lequel nous nous trouvons. C'est de ce raisonnement que part l'un des grands combats d'Oresme : contre l'astrologie et les prétendus arts divinatoires. Pour lui, les mouvements célestes ne sont de toute façon pas assez réguliers pour pouvoir en tirer des prédictions. Une part importante de son œuvre est consacrée à dénoncer les tromperies de toutes sortes. Nicolas Oresme écrit la plupart de ses ouvrages à l'adresse de Charles V, véritable mécène et, surtout, très soucieux d'enrichir la bibliothèque royale du palais du Louvre dont il n'est certes pas le créateur, mais plutôt le promoteur : il ne s'agit plus dans son esprit d'une bibliothèque privée, mais bien d'un lieu qui

sera ouvert à un public choisi. En fait, c'est l'ancêtre de l'actuelle Bibliothèque nationale de France. Oresme écrit à destination du roi son *Traité de la sphère*. Il est l'un des premiers à concevoir l'idée d'une « science politique ». Particularité : il rédige ses ouvrages non pas en latin, mais en français. À partir de sa traduction de *L'Éthique* d'Aristote en français, il conçoit un glossaire de notions politiques : avec des mots tels que monarchie, démocratie, oligarchie, aristocratie, obligation légale, différence, etc. Enfin, l'un des premiers aussi, il considère que même les personnes les plus modestes peuvent ressentir quelque chose grâce au contact avec l'art et ainsi s'élever.

Nicolas Oresme remettant son livre à Charles V. Ce savant théologien lutta contre les superstitions mais aussi en faveur de règles politiques rationnelles.
Nicolas Oresme, *Le Livre du ciel et du monde*, 1377.
Bibliothèque nationale de France, Français 565, fol. 23.

Le haut-fourneau, fer de lance
de l'industrie métallurgique

Dès le XIIᵉ siècle, les abbayes cisterciennes accueillent des forges à bras. Mais c'est au XIVᵉ siècle qu'est créé le premier haut-fourneau, création favorisée par l'existence de véritables centres métallurgiques. Là encore, comme pour les moulins, ce sont souvent les abbayes cisterciennes qui jouent un grand rôle. Léo Moulin cite cette abbaye à Foigny, dans l'Aisne où « on dénombre, outre les 14 moulins, 1 moulin à fouler de drap, 1 brasserie, 1 verrerie, 2 filatures, 3 groupes de pressoirs ».

Toutefois, dès le XIIIᵉ siècle, les industries meunières et métallurgiques se « laïcisent », c'est-à-dire qu'elles deviennent également la spécialité d'artisans, d'entrepreneurs, de municipalités. Il y a, au XIVᵉ siècle, sept moulins à Colmar. À peu près autant à Albi, tant des moulins drapiers que teinturiers et un à papier. On voit apparaître, en général pour le foulage des draps, des moulins montés sur barques, notamment du côté de Liège. La roue du moulin est en appui sur deux embarcations. Ces moulins peuvent ainsi fonctionner quasiment en permanence. On en trouve sur la Meuse et le Rhin. La France ne semble pas les avoir utilisés avant le XVIIᵉ siècle.

La taille des fourneaux augmente donc considérablement à partir du XIVᵉ siècle : on passe du modeste four à soufflets à des fourneaux de 4 à 5 mètres, tout d'abord sur la Ruhr et en Scandinavie. Il arrive en France (particulièrement en Haute-Marne) au milieu du XIVᵉ siècle. On s'en sert pour le fer, mais aussi pour la transformation du minerai en fonte sous forme de gueues de fer : s'ensuit la fabrication de marmites, mais aussi de boulets.

Une forge.
Graduel à l'usage de Saint-Dié, 1504-1514.
Bibliothèque municipale de Saint-Dié, ms. 74, fol. 338. Photo IRHT.

Une victime des nouvelles armes de guerre : Prigent de Coëtivy est tué au siège de Cherbourg par un boulet de couleuvrine en août 1450. La couleuvrine est un canon encore léger. Rapidement, ces armements vont devenir toujours plus grandset plus meurtriers, avec les progrès en industrie.
Martial d'Auvergne, *Vigiles de Charles VII*, XVᵉ siècle.
Bibliothèque nationale de France, Français 5054, fol. 206.

Au XVᵉ siècle, alors que le visage de la guerre change, les hauts-fourneaux grandissent et se généralisent : ils servent désormais également pour la construction de bombardes, tandis que la fabrication du fer devient de plus en plus systématique et de moins en moins onéreuse. C'est le déclin inéluctable de la sidérurgie cistercienne qui ne peut plus suivre : très peu d'abbayes posséderont des hauts-fourneaux. Toutefois, ce changement important passe par diverses étapes : on voit ainsi des moulins à blé se transformer en moulins à fer. Le phénomène s'intensifie dans les années 1470. L'image d'une Europe métallurgique avec ses feux de cheminées, à la fois facteur de progrès, de pollution et de guerres plus meurtrières est déjà existante.

À droite.
Représentation de Vulcain dans sa forge. Dans la mythologie antique, Vulcain était le dieu des forgerons. Au moment où les hauts fourneaux prennent de l'importance, tant pour la taille que pour l'utilisation, on imagine un dieu utilisant ces « nouveaux monstres ».
Évrart de Conty (auteur), Robinet Testart (enlumineur), *Les Échecs amoureux*, XVᵉ siècle.
Bibliothèque nationale de France, Français 143, fol. 148.

L'apparition du *temps marchand*

À la fin du XIIIe siècle, l'Europe occidentale est désormais dotée d'horloges dont le mécanisme ne dépend plus de l'eau, mais uniquement de poids et de roues, avec un oscillateur qui connaît un mouvement alternatif. C'est le début réel de l'échappement en Europe. Barthélemy l'Horologiste a construit une horloge mécanique à la cathédrale Saint-Paul de Londres vers 1286. Pierre Pipelart construit la première horloge publique de Paris en 1300. En 1314 apparaît en Italie la première horloge publique.

L'invention est encore améliorée au début du XIVe siècle avec l'arrivée du foliot, une barre qui porte à chaque extrémité un poids. Le foliot est porté par un axe vertical, lequel contient une palette supérieure et une palette inférieure que rencontrent les dents d'une roue. Cette roue fait osciller le foliot, ses poids provoquent alors un nouveau mouvement des palettes. Le mécanisme est régulier et va permettre de voir enfin les aiguilles de l'horloge tourner toujours à la même vitesse. On ignore qui est le premier Européen à avoir construit cette horloge. En tout cas, Giovanni Dondi construit vers 1344 une horloge géante à Padoue.

Au contraire de l'horloge de Su Song qui disparaît avec son inventeur, celle de Dondi est publique. À partir de la seconde moitié du XIVe siècle, les horloges publiques sont très nombreuses. Désormais, elles sonnent les 24 heures du jour et de la nuit (c'est en tout cas ce que fait celle de Dondi). Charles V ordonne que toutes les églises de Paris se règlent sur l'heure de l'horloge de son château à Vincennes : désormais, tous les Parisiens vivront au même rythme, y compris l'autorité ecclésiastique qui aura la sagesse de se mettre « à l'heure du temps ». L'heure, ou plutôt le rythme religieux, qui est celui des prières et du ciel, est désormais reléguée aux abbayes. C'est le temps des marchands, le temps des ouvriers dont le travail doit être rémunéré à partir d'un temps mesurable et précis, qui prend le pouvoir. C'est ainsi que s'installent, particulièrement dans les villes du Nord, les beffrois, symboles de l'autonomie communale (autonome par rapport au seigneur et à l'Église) qui peut imposer ses coutumes, mais aussi son temps.

À gauche.
Horloge astronomique à côté de l'hôtel de ville de Prague, construite en 1410 par l'horloger Mikulas de Kadan.
Photo Dagli Orti.

Page de droite.
Longtemps, les saisons et les moments de prière rythmaient l'année et la journée. Encore au XVe siècle, le livre d'heures cherche à présenter un monde en disparition, quelque peu idyllique, dans lequel seraient absentes les « contingences » modernes. Notamment l'accélération du temps et du progrès.
Calendrier des Heures de Catherine de Rohan et Françoise de Dinan, 1435-1455.
Bibliothèque municipale de Rennes.

JANVIER

FÉVRIER

MARS

AVRIL

MAI

JUIN

...uc ama
...u et equisi
...m a huuen
tute mea
et quesiui eam michi as
sumere sponsam. Ce
sont les parolles que

salmon le sage dist e(n)
son liure de sapience
ou viii.e chappitre. en
quoy il dist. Jay ann(e)
e sapience et si lay q(ue)
se des en ma ieunes(se)
pour de elle faire mo(n)

Dans son chapitre sur le Temps et le Travail au Moyen Âge, J. Le Goff rappelle qu'en 1355, le gouverneur royal d'Artois autorise « les gens d'Aire-sur-la-Lys à construire un beffroi dont les cloches sonneront les heures des transactions commerciales et du travail des ouvriers drapiers. L'utilisation, à des fins professionnelles, d'une nouvelle mesure du temps y est indiquée avec éclat. […] l'horloge communale est un instrument de domination économique, sociale et politique des marchands qui régentent la commune. Et pour les servir, apparaît la nécessité d'une mesure rigoureuse du temps ». [*Pour un autre Moyen Âge*, cf. Bibliographie en fin d'ouvrage] Par ailleurs, au rythme de travail s'ajoute la durée du déplacement pour respecter les délais de transport des marchandises. L'espace entre dans cette nouvelle notion du temps.

Une nouvelle forme de guerre :
invention de la poudre et du canon

À gauche.
Plus légers et plus maniables (mais sont-ils plus efficaces pour autant ?) que les canons : les couleuvrines. Siège d'Auberoche (1345).
Jean de Wavrin, *Chroniques d'Angleterre*, XVe siècle.
Bibliothèque nationale de France, Français 87, fol. 81.

L'invention de la poudre remonte au IIIe siècle en Chine. Elle résulte alors d'un mélange de salpêtre, de soufre et de charbon de bois. Mais elle n'est alors utilisée que pour les feux d'artifice, très appréciés en Chine, et son potentiel militaire n'a pas encore été exploré.

Rédigé vers 1040 par Zeng Gong Liang, le traité *Wu Jing Cong Yao* (*Recueil des techniques militaires les plus importantes*) va sans doute contribuer à l'invention de la poudre à canon proprement dite, utilisée pour propulser les projectiles tirés au moyen de fusils en métal et de canons rudimentaires, notamment chez les Song du Sud. Par la suite, les Mongols perfectionneront cette technique.

Deux siècles plus tard, Roger Bacon met la poudre à canon au goût du jour en Occident. Sans mesurer exactement, il est vrai, les prodigieuses conséquences de la fabrication de cette mixture inflammable et détonante, il ne craint pas d'affirmer qu'on en verra sor-

tir une révolution dans l'art de la guerre. En effet, la fonte des cloches, usitée depuis le IIIe siècle, ne tarde pas à donner l'idée de fondre des canons. Les canons, aux XIVe et XVe siècles, utilisent des charges de poudre pour tirer des boulets de pierre ou de métal (les premiers apparaissent vers 1340). Ce sont des tubes de métal lisses chargés par des culasses. À la fin du XVe siècle, apparaît la couleuvrine, canon assez fin et assez facilement déplaçable.

Mais en réalité, l'artillerie, au cours des deux derniers siècles médiévaux, n'a pas été la principale révolution des méthodes guerrières. Le perfectionnement des arcs et des arbalètes a été plus décisif. L'arc des Anglais lors des batailles de Crécy, de Poitiers et d'Azincourt a totalement remis en question la suprématie du chevalier. Quant à l'arbalète, qui date du VIIe siècle avant notre ère, elle est munie d'un crochet depuis le XIIe siècle et s'accompagne d'un pied-de-biche au XIVe siècle.

À droite.
L'arbalète. Apparue en Perse durant l'Antiquité, elle devient une des armes principales des armées occidentales, notamment françaises.
Ibn Akhî Hizâm, *Kitâb al-funûn*, XVe siècle.
Bibliothèque nationale de France, français 2824, fol. 67.

Page de gauche.
Les premiers canons. Redoutables pour les tours carrées (nettement moins efficaces contre les tours arrondies). Il faudra attendre le XVIe siècle pour réellement voir l'artillerie montrer son efficacité sur un champ de bataille. Prise de Moncontour par les Anglais (1371).
Jean Froissart, *Chroniques*, XVe siècle.
Bibliothèque nationale de France, français 2643, fol. 387.

IBN BATTUTA (1304-ENTRE 1368 ET 1377) : LE PREMIER RÉCIT DE VOYAGE À TRAVERS LE MONDE CONNU

De son vrai nom Abd Allah El Lawati, Ibn Battuta, étudiant en théologie, décide, en 1324, de faire le pèlerinage de La Mecque. Il part de Tanger, sa ville natale, et se rend à Alexandrie, puis au Caire. S'intéressant au Nil, il étudie son embouchure et décide d'en remonter le cours ; mais il doit y renoncer à la suite de troubles entre tribus régionales, et part à la place, en bateau, vers l'Asie Mineure. Il visite Gaza, Tyr et parvient en 1345 à Damas, décimée

Le pilier de fer de Delhi : ce monument signale le passage d'Ibn Battuta dans la capitale, où, selon ses écrits, il aurait résidé dans le palais du sultan Muhammad Tughluk. « A notre arrivée dans la capitale, nous nous rendîmes à la demeure du sultan et entrâmes par la première porte, puis par la deuxième et la troisième. » Ibn Battuta mesura le diamètre du pilier en utilisant son turban.
© Roland et Sabrina Michaud/Rapho.

par la peste. De là, il passe par Bassorah, Bagdad, Médine et finalement arrive à La Mecque où il reste trois ans. Il va ensuite parcourir les rivages arabes et perses de la mer Rouge avant de revenir à La Mecque. Le deuxième grand moment de cette vie de périples est son voyage de l'Afrique à l'Europe. Repartant pour l'Égypte, qu'il visite entièrement, il remonte vers Le Caire, va à Jérusalem, Tripoli, traverse l'Anatolie, puis la mer Noire, parvient à Astrakan, à l'embouchure de la Volga, où, comme Rubrouck et Marco Polo, il rencontre le khan des Mongols. La femme de ce souverain est la fille de l'empereur de Constantinople. Ibn Battuta l'accompagne jusqu'à cette ville prestigieuse où il peut se reposer. À cette époque, sa renommée est déjà grande. Mais le plus étonnant lui reste à faire. De Constantinople, le voyageur se rend de nouveau à Astrakan, puis à Samarkand. Après avoir pénétré dans l'Afghanistan, il conçoit le projet de se rendre jusqu'au Pacifique, sur les traces de Marco Polo, le voyageur le plus illustre de cette époque. Le voici bientôt à Delhi où il fait connaissance avec l'empereur Mohammed. Est-il vraiment exact que celui-ci en fait son homme de confiance, son ambassadeur auprès de l'empereur de Chine ? Est-il tombé dans une embuscade avec son escorte, tombant entre les mains de pillards dont il s'échappe miraculeusement ? Finalement, avec une nouvelle escorte, revoilà Ibn Battuta qui parvient à Malabar. Mais au cours d'une tempête, il perd à nouveau la cargaison destinée à la Chine et, prudemment, décide de renoncer au service de l'empereur. Il se rend aux îles Maldives

Caravansérail sur les pèlerinages vers La Mecque.
Le motif religieux domine chez tous les voyageurs arabes, même s'il s'y ajoute le désir de voir, d'apprendre et de relater.
Lokman, *Hunername*, 1588.
Istanbul, Bibliothèque de Topkapi. Photo Dagli Orti.

الفرآن ثم قرأبها أساطير بلاها وقا ل رحارف جلّها وقا ل اركبوا فيها بسم الله مجرها

ومساها ثم يقف نفس المغرمين او عباد الله ل كرمين وقا ل اما انا

où il serait devenu juge. Si l'on en croit son récit, il aurait épousé trois femmes et encouru la colère d'un vizir, l'obligeant à fuir. Après un séjour à Ceylan, un passage au Bengale, le voilà à Sumatra et, finalement, en Chine. Il parcourt de nombreuses provinces, mais il semble acquis désormais qu'il n'a jamais été ni à Canton, ni à Pékin. Comme Marco Polo, à présent qu'il est parvenu aux confins du monde, Ibn Battuta nous fait des descriptions de plus en plus merveilleuses d'une région qui le met mal à l'aise, de son propre aveu. Finalement, il repart pour Sumatra, et finit par rentrer en 1348 à La Mecque, puis, en 1349, à Tanger. Alors débute sa dernière expédition. Parcourant l'Espagne, il revient au Maroc, où le sultan le charge d'une mission importante : inspecter

Bateau sur le golfe Persique. L'équipage de ce bateau est composé d'Indiens et de Noirs. Les uns s'affairent sur le pont, les autres évacuent l'eau des cales. Les passagers regardent par les hublots.
Al-Harîrî, *Al-Maqâmât*. Copié et peint par Yahyâ b. Mahmûd al-Wâsitî, Bagdad, 1237.
Bibliothèque nationale de France, Arabe 5847, fol. 119.

l'Afrique noire. Le Sahara est alors un espace économique et stratégique de première importance, lieu de rencontre entre de nombreuses civilisations africaines et arabes. Ibn Battuta va au Soudan, longe le fleuve Niger, traverse le désert et va jusqu' à Tombouctou. Il revient enfin à Tanger en 1353 et ne quitte plus son pays.

Les Portugais franchissent
le cap de Bonne-Espérance

La carte du monde par Fra Mauro. Datée de 1459 (ou parfois de 1465), elle signale le cap de Bonne Espérance,
comme c'était déjà le cas d'une autre carte italienne. Est-il possible que les Italiens, en commerce avec la Chine,
aient eu vent d'un voyage qu'auraient peut-être déjà effectué les Chinois dans le sens inverse de celui de Vasco de Gama ?
Et de ce fait auraient-ils tout simplement recopié une carte déjà réalisée par ce voyageur chinois ?
Fra Mauro, *Carte du monde*, 1465.
Venise, Biblioteca Nazionale Marciana. Photo akg-images.

L'Atlantique détrône la Méditerranée

Depuis le XIIIe siècle, l'Occident ne cesse de progresser dans le domaine maritime. Le gouvernail d'étambot (gouvernail axial) a fait son entrée définitive en Europe depuis 1250 environ (signalons au passage que les Chinois l'utilisent depuis le IIIe siècle !). Au début du XVe siècle, les premières caravelles investissent les mers.

Toutes ces inventions sont mises en valeur avec un changement important dans la stratégie des nations. Jusque-là, le voyage terrestre Europe-Inde-Chine, avec, éventuellement, une partie maritime de la mer Rouge à la mer Indienne, est le parcours le plus logique pour réunir les deux grandes faces du monde : raisonnement évident pour des États tournés vers la Méditerranée. Mais au XVe siècle, une nouvelle puissance émergente, le Portugal, va s'intéresser à l'océan Atlantique, lequel va détrôner la Méditerranée. Un chevalier anglais, Jean de Béthencourt, avait déjà colonisé au siècle précédent les îles Canaries. Les Portugais, mais aussi les Espagnols, suite à la reconquête de la péninsule Ibérique, songent à s'installer à leur tour sur les côtes africaines détenues par leurs anciens maîtres.

Henri le Navigateur (1394-1460), cinquième fils du roi Jean Ier du Portugal, est le grand promoteur de la nouvelle politique de son pays. En 1415, le Portugal s'empare de Ceuta. Puis, c'est Madère en 1420, les Açores en 1431. Henri s'est fait construire dans sa résidence de Sagres, à la pointe sud-ouest du Portugal, un observatoire : il s'entoure d'astronomes, de cartographes et de capitaines expérimentés (portugais ou italiens), fait dresser de nouvelles cartes et enseigner l'usage de la boussole, et met au service de son projet les revenus de l'ordre du Christ (successeur des Templiers au Portugal) dont il est l'administrateur. En 1441, les Portugais atteignent le cap Vert, puis la Sierra Leone.

La jonque océanique chinoise : elle témoigne d'un égal désir des Chinois d'explorer d'autres horizons. Toutefois, le phénomène sera de plus courte durée, la Chine entrant à partir de la seconde moitié du XVe siècle dans une politique plus autarcique.

© Roland et Sabrina Michaud/Rapho.

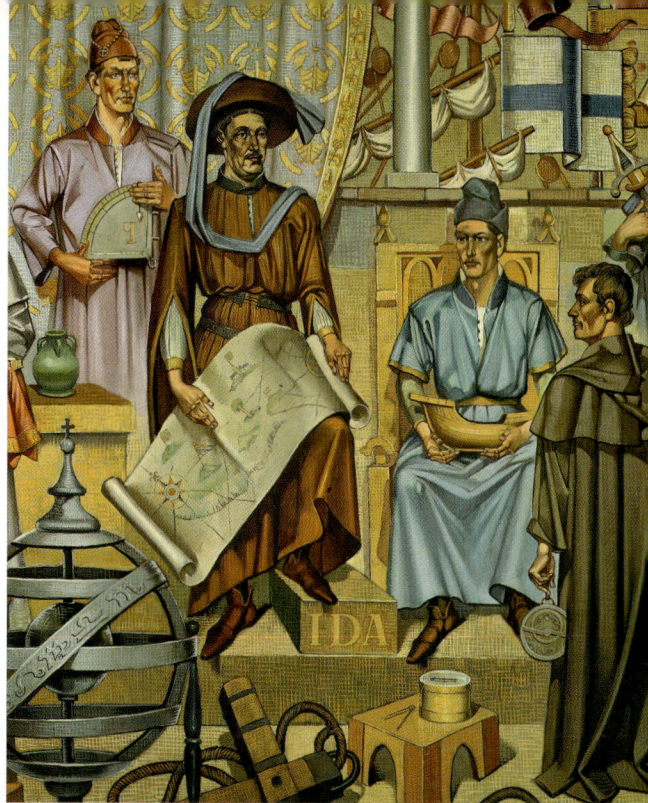

Henri le Navigateur, célèbre pour sa politique d'expansion du Portugal. À l'origine de presque tous les voyages importants du XVe siècle (il ne lui manque que celui de Colomb), il n'a lui-même jamais quitté le sol portugais. On le voit ici entouré de ses cartographes et de ses capitaines à Sagres.
Peinture du XVe siècle. Photo Dagli Orti.

Les Chinois en Amérique ?

Mais une fois de plus, les Chinois ont une longueur d'avance sur les Européens. Il semble désormais acquis que, dès 1421, une flotte chinoise, dirigée par Zheng He, parcourut toutes les côtes de l'Asie du Sud-Est, toutes les îles de l'océan Indien, avant de remonter la mer Rouge jusqu'en Égypte, puis de descendre les côtes africaines jusqu'au Mozambique. Mais, plus surprenant, une thèse récente (de l'historien anglais Gavin Menzies) soutient qu'une partie de la flotte aurait contourné le sud de l'Afrique, traversé l'Atlantique et remonté jusqu'aux Antilles, pendant qu'une autre partie de la flotte aurait franchi ce qu'on appellera un siècle plus tard le détroit de Magellan pour se retrouver sur la côte ouest de l'Amérique. Il faut toutefois rester prudent, même si Menzies présente des preuves à l'appui de sa thèse.

Contourner l'Afrique

C'est le but que s'est donné Henri le Navigateur. Son frère, l'infant Dom Pedro, lui a rapporté d'un voyage d'étude à Venise une mappemonde, rédigée au début du XVe siècle par un cosmographe inconnu, sur laquelle figurent le cap de Bonne-Espérance et le détroit de Magellan (ce serait justement une carte réalisée par Zheng He). Le planisphère d'un autre Vénitien, Fra Mauro, datant de 1459, signale également ce cap et prouve que la science cartographique commence à sortir du carcan de Ptolémée.

Ci-dessus.

Atlas nautique portugais. Après les voyages de Gama, l'océan Indien devient une destination naturelle pour les navigateurs portugais.
Lopo Homem, *Atlas Miller*, XVIᵉ siècle.
Bibliothèque nationale de France, GE DD 683 RES, feuille 3.

D. VASCO DA GAMA. VI.

AM Vasco da Gama, Primeiro Conde da Vidigueira, e Almirante do Mar de India, segundo Visorrey, e sexto no gouerno do Estado, e oprimeiro que mandou El-Rey Dom João 3.° Partio de Lx, em 9. de Abril de 1524, gouernou tres mozes, e

Fin 1487, Bartholomeu Dias atteint la pointe de l'Afrique avec deux caravelles, mais ne parvient pas à doubler le cap ; il peut juste le contourner, ce qui prouve qu'il y a bien une route maritime menant jusqu'à la mer des Indes. Dès 1489, la mer australe apparaît sur le planisphère d'un cartographe allemand, Henricus Martellus.

Le roi du Portugal, rejetant les propositions d'un certain Christophe Colomb qui lui proposait la route vers l'ouest, décide d'envoyer une nouvelle expédition pour parachever celle de Dias. C'est Vasco de Gama qui va réussir l'exploit en 1497 (soixante-quinze ans après les Chinois ?) de doubler le cap de Bonne-Espérance et de réaliser la tournée des deux tiers de l'Afrique, ouvrant la voie vers l'Inde.

Ci-dessus.

Atlas nautique portugais. Après les voyages de Gama, l'océan Indien devient une destination naturelle pour les navigateurs portugais.
Lopo Homem, *Atlas Miller*, XVIᵉ siècle.
Bibliothèque nationale de France, GE DD 683 RES, feuille 3.

Page de droite.

La création des caravelles, au XIVᵉ siècle, vaisseaux à la fois solides et facilement maniables, va favoriser la nouvelle ambition des politiques portugais, espagnols et italiens qui souhaitent quitter l'espace méditerranéen pour trouver de nouvelles voies commerciales et de nouveaux territoires à conquérir. On voit ci-contre un encadrement de galères et de caravelles aux armes du pape Pie II, souverain particulièrement doué pour les sciences géographiques et astronomiques.
Opuscules du pape Pie II. Rome, 1463-1474.
Bibliothèque nationale de France, Latin 5565 A., fol. 101.

DECRETVM PII SECVNDI PONTIFICIS MAXIMI DE BELLO CONTRA TVRCHAS GERENDO

PIVS EPISCOPVS seruus seruorum dei Vniuersis & singulis cristi fidelib' Salt & aplica bn dictionem. Ezechielis prophete magni sententia est. uenientem gladium nisi annunciauerit speculator. animarum que perie rint sanguine de manu eius re quirenduin fore. Quod ueteri sancte memorie predecessoris nostri Nicholaus. v. & Calixtus. III. ab eo tempore quo turchorum effera ta rabies Constantinopolim expu gnauit uenturum ad interiora

L'invention de *perspective*

la perspective moderne

Le concept de perspective existe en fait dès l'Antiquité grecque, avec la « perspective parallèle » : les objets sont présentés simultanément parallèles l'un à l'autre et donnent l'impression de se prolonger vers la fin de l'image.

À l'époque byzantine, la perspective suit une double évolution : la perspective renversée où les objets augmentent ou s'élargissent en proportion de leur éloignement par rapport au spectateur ; la perspective rayonnante où ils se déploient dans tous les sens à partir d'un point central. Ces perspectives sont mystiques : il s'agit de faire ressentir le lien entre notre monde intelligible et une divinité d'où tout part, vers où tout se dirige.

Mais dès 1344, en Italie, les frères Lorenzetti inventent la perspective moderne ou réaliste. L'architecte Brunelleschi, entre 1417 et 1420, en énonce les règles, basées sur les idées de volumes et d'éloignement. Masaccio et Uccello mettent ces règles en pratique dans le domaine de la peinture, le premier de façon formelle, le second, au contraire, en compliquant ou en renversant les lois nouvelles de la perspective.

Œuvre de Paolo Uccello (1397-1475).
Le décor, totalement basé sur des angles muraux et sur le sol en forme d'échiquier, pousse à son paroxysme les lois mathématiques.
Paolo Uccello, *Le Miracle de l'hostie*, 1465.
Urbino, Galleria Nazionale delle Marche. Photo akg-images/Erich Lessing.

En 1435, l'architecte Alberti écrit un traité, *De la peinture*, qui présente toutes les lois de la perspective passée et future, la perspective légitime et le point de vue central : « Sur la surface à peindre, j'inscris un rectangle de taille convenable que je considère comme une fenêtre ouverte d'où la scène se contemple. » Il s'agit en fait, à partir d'un point central qu'est l'œil du spectateur, de former un cône proposant trois étages (bas, central, haut) à partir desquels partent les trois niveaux de dessins qui représentent les trois dimensions. L'un des procédés aidant à cette réalisation est le raccourci : la même figure est répétée plusieurs fois mais de manière de plus en plus réduite (cf. les fenêtres du tableau de Lorenzetti ci-contre). Dans sa Sainte Trinité (1425) Masaccio a d'abord procédé à un quadrillage de la fresque en carrés égaux puis, par un calcul mathématique, a réduit peu à peu les carrés devant figurer les cloisons de la voûte surplombant la Sainte Trinité. Les ombres, les couleurs doivent aider à perfectionner l'ensemble. Léonard de Vinci, notamment, sera très influencé par toutes ces découvertes. Lui-même invente le sfumato, le principe du flou qui renforce l'impression d'éloignement.

Ci-dessus.
Œuvre d'Ambrogio Lorenzetti (vers 1280-1348).
Parmi les premiers, les frères Lorenzetti se sont servis
du décor comme effet optique pour donner l'impression
d'une profondeur dans l'image : on constate ici l'effet curieux
d'un mur intérieur qui s'enfonce vers une autre dimension,
alors que les personnages se trouvent tous au même niveau.
Ambrogio Lorenzetti, *Saint Nicolas de Bari faisant l'aumône*,
XIVe siècle.
Paris, musée du Louvre. Photo RMN/Gérard Blot.

À gauche.
La Joconde de Léonard de Vinci. Sa toile la plus célèbre,
chef-d'œuvre de perspective (« suivez son regard ! »)
et laboratoire pour la théorie du sfumato.
Léonard de Vinci, *La Joconde*, vers 1503.
Paris, musée du Louvre. Photo akg-images.

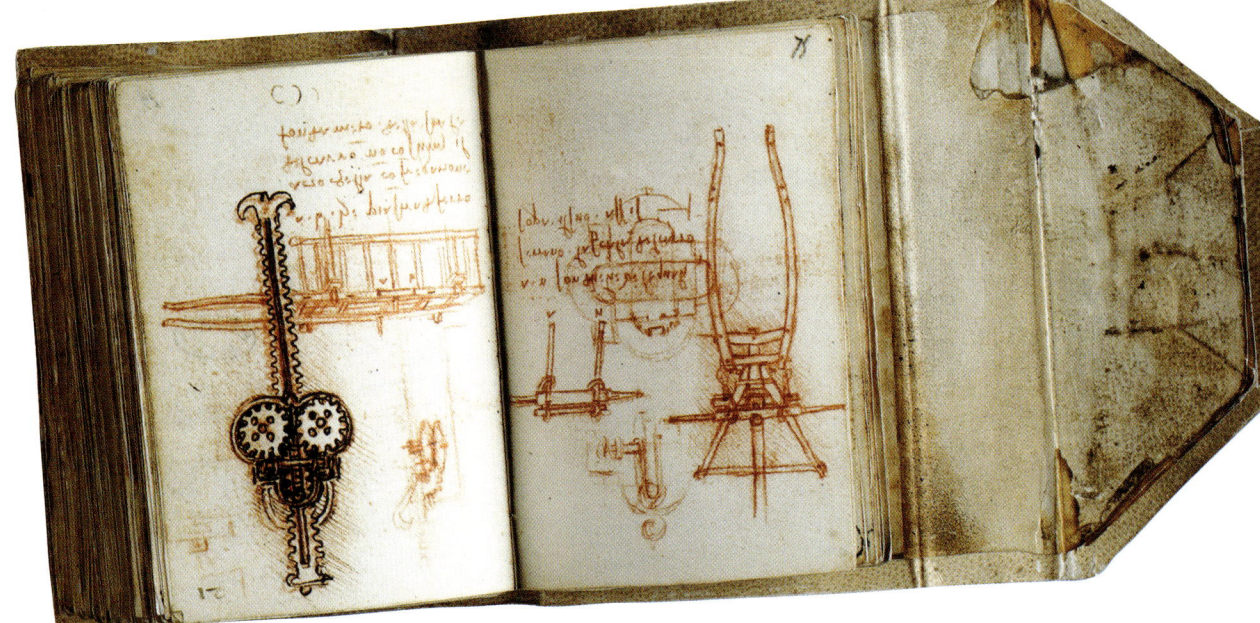

LÉONARD DE VINCI (1452-1519)

Aujourd'hui surtout connu comme peintre, Léonard
de Vinci s'est intéressé à des domaines aussi divers que
la mécanique, l'anatomie, l'aéronautique, l'hydraulique,
les fortifications militaires, la botanique, l'optique, la
géologie, la théorie de l'art, l'architecture, la musique ou
la scénographie. Jamais encore un seul individu n'avait
ainsi rassemblé toutes les variantes de l'expression, de
l'inventivité et de l'observation humaine. Car il y a un
point commun entre ses divers sujets d'études et de
réalisation : l'obsession de comprendre le fonctionnement de la nature et des choses. Il observe l'influence
des phénomènes naturels sur la création artistique :
comment le ciel joue sur la composition. Pour lui, s'intéresser à la science de l'optique, c'est s'intéresser à la
façon dont la nature et l'homme, sujets picturaux, peuvent nous apparaître, déformés, fluctuants, mais aussi
présupposés, idéalisés. Le monde devient donc à la fois
lieu de fonctionnement mécanique mais aussi immense
œuvre d'art. Il faudra attendre Diderot, Goethe et Paul
Valéry (ou, dans un domaine plus littéraire, Jules Verne)
pour retrouver avec une telle audace la réunion de ces
deux mondes en apparence si éloignés que sont les
sciences naturelles et la physique d'une part, l'art
d'autre part. Pour Léonard comme pour ses successeurs, comprendre notre univers et comprendre le
fonctionnement de l'esprit créateur humain sont les
deux éléments essentiels de notre culture. À bien des
égards, on rejoint là l'œuvre de Platon. Vinci, où est né
Léonard, est une petite ville près de Florence. Rien ne
semblait devoir diriger ce garçon vers l'immortalité
dans le domaine artistique : son père est un notaire ;

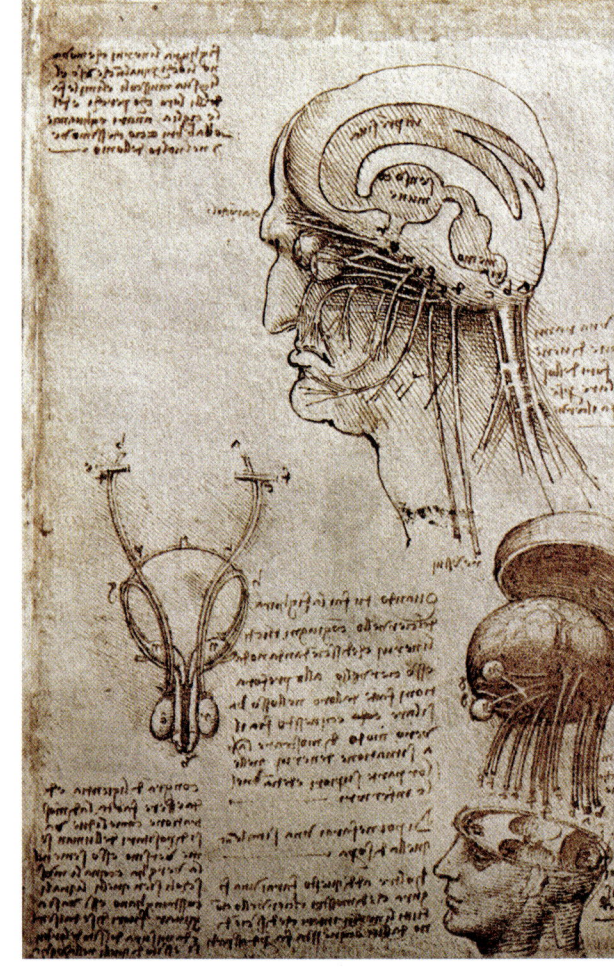

comme Villard de Honnecourt, Léonard a été formé par les arts mécaniques. Il connaît donc les travaux de tous ses prédécesseurs, de Vitruve à Di Giorgio (mais pas ceux de Villard de Honnecourt). Dans ce domaine, il n'est pas véritablement un inventeur de machines, comme on l'a dit trop souvent. Il compile tous les dessins et projets de ses prédécesseurs, semblant toutefois plus chercher à comprendre le fonctionnement mécanique qu'à faire aboutir la réalisation de ces machines. On a du mal à le concevoir aujourd'hui mais, de son vivant, il semble que Léonard ne fut longtemps considéré que comme un vulgaire ingénieur sans éducation littéraire. Dans son ouvrage sur la révolution indus-

trielle, Jean Gimpel a bien montré la barrière existant déjà sous Vitruve et se perpétuant de nos jours entre le monde intellectuel et le monde technique.

Toutefois, Léonard a eu une autre formation, chez le peintre et sculpteur Verrochio. Puis, après 1483, il travaille pour le duc de Milan Ludovic Sforza. Entre 1495 et 1516, Léonard réalise ses œuvres picturales les plus célèbres, dont *La Cène* (1495-1497) et la fameuse *Joconde* (1503-1506). En 1517, il est invité par François Iᵉʳ à vivre au Clos-Lucé, près de Chambord, où il termine son existence comme peintre, ingénieur et architecte du roi.

Rêveries d'une *fin d'époque*

C'est sans aucun doute la disparition de l'image du chevalier, longtemps au centre de l'imaginaire médiéval, y compris s'agissant des souverains, qui marque la fin du Moyen Âge occidental. Le chevalier représentait à la fois la poésie de l'amoureux courtois, l'aventure, l'homme indépendant, la petite seigneurie, le soldat du Christ. Il était présent sur tous les fronts, légendaires ou réels, qu'il s'agisse de Godefroy de Bouillon, Roland de Roncevaux, le preux Lancelot, ou éventuellement Bertrand du Guesclin. Mais ce dernier, déjà, annonce l'arrivée du centralisme politique, de l'aventurier au service d'une grande cause nationale. Christophe Colomb aussi bien que Bayard, homme sans peur et sans reproche, sont des serviteurs des États, même s'ils peuvent à l'occasion être de caractère indépendant.

En 1453, le dernier État n'ayant pas le caractère de nation s'écroule : Constantinople tombe aux mains des Turcs. Des pays d'Orient et d'Occident vont subitement tourner leurs regards vers de nouveaux axes : du côté du Pacifique pour la Chine, de l'Atlantique pour l'Europe. Mais celle-ci, sortant d'une longue période d'États-mosaïques, entre dans celle des États-

Christophe Colomb discute avec le physicien Garcia Hernandez dans la salle capitulaire de la Rabida. Au moment où l'ancien monde disparaît, avec la chute de Constantinople, un « nouveau monde » (si l'on se place du point de vue européen) va naître, bouleversant la perspective mondiale, jusque-là axée sur la Méditerranée.
Peinture murale de Bejarano, XVe siècle.
Espagne, Monastère de la Rabida. Photo Dagli Orti.

Ci-dessus.
L'idéal chevalier, encore sujet d'illustration au XVe siècle. Le réalisme politique et économique, mais aussi l'approche scientifique ont sonné le glas de cette façon d'aborder l'existence. Cette image représente Godefroy de Bouillon, mais avec les attributs d'un chevalier du XVe siècle.
Guillaume de Tyr, *Historia*, XVe siècle.
Bibliothèque nationale de France, Français 68, fol. 112.

nations et va envahir le monde. Longtemps basé en Orient, le progrès semble désormais devenir occidental. Jusqu'à ce qu'on s'aperçoive un jour que le progrès technique ne se calque pas forcément au progrès humain, même s'il y contribue.

Parvenu en ce début d'une période parmi les plus sanglantes de l'histoire de France (le XVIᵉ siècle n'a rien de cet âge d'or trop souvent décrit), l'*homo occidentalus* se prend à rêver d'un nouveau monde. Non pas un monde plus large avec un nouveau continent : un monde où subitement, ce n'est plus seulement par ce qu'il fait, mais par ce qu'il est que l'homme va être défini, au point de prendre la place de Dieu dans la pensée européenne. À Averroès, à Thomas d'Aquin vont alors succéder Montaigne et Descartes.

« Le triomphe de Thomas d'Aquin », à ses pieds Averroès. L'Église chrétienne, au cours des XIIIᵉ et XIVᵉ siècles, s'oppose au mouvement « averroïste », issu du philosophe arabe Averroès (1126-1198). Cette opposition provient principalement d'une divergence de lecture du *De l'Âme d'Aristote*. Averroès estimait d'une part que l'intellect se distinguait de l'âme, elle-même unie à toute l'étendue du corps humain ; d'autre part qu'il existait un intellect universel, substance séparée contenant les connaissances communes, et un intellect individuel propre à une personne. Au cours de l'existence, selon lui, les deux intellects étaient supposés se réunir. Thomas d'Aquin (1225-1274) va se charger de réfuter toutes ces thèses et de prouver notamment que l'intellect fait partie de l'âme et qu'il ne peut y avoir d'union entre les deux intelects.

Filippino Lippi, Le triomphe de Thomas d'Aquin, vers 1488-1492. Rome, fresque de la chapelle Sainte-Marie sopra Minerva.

Photo akg-images/A. Jemolo.

LES ENCYCLOPÉDISTES, DÉCOUVREURS DE CES MERVEILLES

Aussi loin qu'on remonte dans l'histoire de la pensée, des encyclopédies ont vu le jour. Sous César, l'œuvre de Varron, destinée à la première bibliothèque publique de Rome, était déjà colossale. Il faudrait en fait un volume pour simplement recenser celles qui ont vu le jour au cours du premier millénaire de l'ère chrétienne en Occident. En cette période où la reproduction d'un ouvrage précieux en plusieurs exemplaires prend tellement de temps, la crainte est sans doute grande de voir disparaître le capital intellectuel, faute d'écrits. Le sort de la bibliothèque d'Alexandrie, la perte définitive dans les flammes d'innombrables volumes, prouve que cette crainte était fondée.

À cela s'ajoute la volonté de grands penseurs de résumer l'ensemble des connaissances humaines, ou du savoir, dans une matière particulière (astronomie, géographie, médecine) avant d'apporter leurs propres découvertes : on pense ici à Ibn Sina (Avicenne) ou à Albert le Grand. Mais il faut bien reconnaître que l'« encyclopédisme » est aussi un genre commercial : de nombreux « écriveurs » s'improvisent encyclopédistes et se bornent à compiler toutes sortes d'articles dans des ouvrages plus anciens et aux sources plus ou moins fiables. Le pire et le meilleur font donc route

dans cet univers de lettres. Nous ne citerons ici que les œuvres les plus marquantes (dont certaines ont été mentionnées au cours de ces pages), conçues par quelques-uns des plus grands intellectuels du Moyen Âge et dont la réalisation est souvent l'occasion de chefs-d'œuvre artistiques, tant par la présentation du livre que par son illustration.

Isidore de Séville (560-636). Évêque de Séville, Isidore rédige l'œuvre encyclopédique la plus célèbre du Moyen Âge : *Les Étymologies* (20 volumes), qu'il ne terminera d'ailleurs pas. Comme le nom l'indique, cette œuvre ne se borne pas au sens des mots, mais s'intéresse à leur origine. Toutes les connaissances de l'époque, en théologie, géographie, minéralogie, géographie, chronologie, architecture, médecine, arts de la guerre et de la navigation, arts de la musique et du vestimentaire, sont présentes. Travail colossal d'un infatigable travailleur, même si, comme toujours, tous les renseignements ne sont pas forcément fiables. Isidore est aussi l'auteur du *De natura rerum* (612-621), vaste traité de cosmographie dans lequel il s'intéresse à nouveau à la chronologie, mais aussi à l'astronomie et à la météorologie, et de *La Chronique universelle*, qui raconte l'histoire de l'humanité, bien entendu en suivant le schéma biblique.

Bède le Vénérable (672-735). Ce n'est pas tant un ouvrage en particulier que ses œuvres complètes (à peu près entièrement conservées de nos jours) qui couvrent l'ensemble des domaines du savoir de cette époque. Son ouvrage cosmologique, *De natura rerum*, a la particularité de reprendre les travaux en sciences naturelles de Pline l'Ancien.

Hraban Maur (780-856). Abbé de Fulda, conseiller de l'empereur Louis Ier le Pieux, acteur important de la renaissance carolingienne, il rédige vers la fin de sa vie les vingt-deux volumes de *Sur l'univers* (ou *Sur la nature*).

Li-Fang termine en 983 son *Taiping Yulan*, un ouvrage comportant près de mille sections.

Wu-Shu rédige à la même époque la première encyclopédie universelle chinoise : le *Shi-lei-fu* (trente deux volumes).

Ibn Sina (Avicenne) (980-1037) compose de 1020 à 1030 environ son *Kitâb al-Shifâ'* (*Livre de la guérison des âmes*). Cette encyclopédie regroupant toutes les sciences est la première d'une telle ampleur. Selon les spécialistes arabes, il faut attendre l'*Encyclopédie* de Diderot et d'Alembert pour trouver une œuvre plus importante… sauf que Ibn Sina ne travaillait pas en équipe !

Sâ'id al-Andalusî compose en 1068 à Tolède le *Kitâb Tabakât al-Umam'* : c'est la première histoire des sciences jamais écrite.

Shen Gua rédige en 1086 le *Mengqi Bitan* (*Propos du ruisseau des rêves*). Véritable ouvrage de référence dans l'histoire des sciences en Chine, il contient de nombreuses informations relatives à l'astronomie et aux mathématiques, ainsi que des observations sur les fossiles, des études consacrées à la cartographie, la biologie, l'ingénierie et à beaucoup d'autres disciplines.

Brunetto Latini, *Le Livre du Trésor*, **1310.**
Russian National Library. AKG-images/Joseph Martin.

La particularité d'Albert le Grand est qu'il est lui-même un savant de très haut niveau. Contrairement à tant d'autres encyclopédistes, il ne se contente pas de compiler les connaissances des anciens et de son temps, il fait également part de ses propres découvertes.
Albert le Grand, De *animalibus*, XIVᵉ siècle.
Bibliothèque nationale de France, Latin 16 169, fol. 134.

Honorius Augustodunensis (1080-1157). Ce moine, auteur notamment d'un *Imago Mundi* et d'une *Summa totius* (*Histoire universelle*), n'est pas à proprement parler un scientifique, mais un vulgarisateur qui s'adressait finalement à un public non universitaire. Il semble surtout avoir été un grand compilateur du savoir théologique, domaine essentiel à l'époque. Il fut en tout cas l'un des encyclopédistes les plus traduits du Moyen Âge.

Guillaume de Conches (actif en 1120-apr. 1154). Grand philosophe, concepteur d'une vision atomiste du monde, il a réuni dans ses deux œuvres principales, *Philosophia* et *Dragmaticon* (ouvrage de dialogue philosophique sur les questions de physique et de sciences naturelles), son savoir encyclopédique. On peut dire qu'il est le premier véritable savant occidental (un siècle après Ibn Sina en Orient) à se lancer dans ce genre d'entreprise, toutefois de façon moins colossale, moins encyclopédique que ses prédécesseurs.

Ibn Rushd (Averroès) (1126-1198), l'un des plus importants penseurs de la civilisation arabe, n'a pas réalisé à proprement parler une œuvre encyclopédique, mais s'est attaché à un travail tout aussi colossal : traduire et commenter (entre 1168 et 1198) le corpus aristotélicien, y ajoutant ses propres réflexions et connaissances.

Barthélemy l'Anglais (v. 1190-apr. 1250). Moine franciscain, il rédige entre 1230 et 1240 les dix-neuf volumes du *De proprietatibus rerum*. N'étant pas véritablement scientifique, Barthélemy n'apporte pas d'enseignements nouveaux : son originalité tient plutôt de sa présentation, de la variété de ses sources. Il faut croire qu'il avait su débroussailler cet univers encyclopédique car son ouvrage est l'un des grands « best-sellers » du Moyen Âge, répandu dans toute l'Europe occidentale.

Vincent de Beauvais (fin XIIᵉ siècle-1264). Moine dominicain, proche de Louis IX, il est, comme Barthélemy, principalement un compilateur qui a su renouveler le genre et a connu un très vif succès avec son *Speculum maius* (*Miroir historial*) en sept volumes et 250 folios environ (rédigé v. 1253-1258).

Albert le Grand (1206-1280), de son vrai nom Albert de Bollstaedt, est l'Aristote du Moyen Âge occidental. Membre de l'ordre des frères prêcheurs, responsable d'une grande école à Cologne après avoir fait carrière à Paris (Thomas d'Aquin fut son élève), évêque de Ratisbonne, il est passionné de sciences naturelles : il décide de présenter de manière accessible l'ensemble des connaissances de son époque, par une série d'ouvrages (*De animalibus* en 1260, *De mirabilibus mundi*, etc.). Mais l'astronomie, la physique, la chimie sont également présentes. C'est le plus important ensemble encyclopédique occidental, le seul pouvant rivaliser avec l'œuvre d'Ibn Sina.

Brunetto Latini (1220-1294). Son œuvre représente la plus importante contribution italienne au genre encyclopédique. Son *Trésor* (rédigé à Bar-sur-Aube dans les années 1260), divisé en trois grands livres, a la particularité de mettre en avant, à côté des domaines habituels que sont la science et la théologie, la politique : Brunetto est lui-même un homme politique florentin mêlé aux conflits entre les Guelfes et les Gibelins. Aussi son *Trésor* n'est-il pas destiné à des universitaires religieux mais à de futurs « cadres » des administrations politiques. C'est donc la première compilation d'envergure réalisée par un « laïc » (ce qui à l'époque signifie plutôt « non ecclésiastique », la religion étant forcément présente).

Raymond Lulle (1235-1315). Théologien et philosophe espagnol, il étudie les textes aussi bien chrétiens que juifs ou arabes, rédige en latin, en catalan et en arabe. Auteur de *L'Arbre des sciences* en 1295, c'est surtout l'ensemble de son œuvre, comme pour Albert le Grand, qui a un caractère encyclopédique

(300 ouvrages environ). Là aussi, tous les domaines de la science sont visités, d'autant qu'il expérimentait lui-même les découvertes. Par la variété des sources, plus internationales, il apporte des éléments plus originaux que ses prédécesseurs. Surtout, il utilise des genres populaires (comme la fable) pour exposer ses connaissances et ses pensées. Également poète, il est finalement autant un grand littéraire qu'un grand philosophe.

Guillaume de Conches fut ce qu'on appellerait aujourd'hui un intellectuel. À la fois enseignant, grammairien, commentateur d'œuvres scientifiques (notamment le *Timée* de Platon), puis auteur d'ouvrages à caractère encyclopédique, comme cette *Philosophia mundi*.
Moins qu'un créateur, c'est un diffuseur des connaissances, mais capable d'un choix et d'un commentaire critique à leur égard.
Guillaume de Conches, *Philosophia mundi*, 1125-1135.
Bibliothèque nationale de France, Latin 11 130, fol. 47 v°.-fol. 48.

CHRONOLOGIE INTERNATIONALE DES DÉCOUVERTES MÉDIÉVALES

IVᵉ SIÈCLE

Chine : Fa-Hian explore l'Inde.
Occident : premiers drakkars.

Vᵉ SIÈCLE

Inde : entre le IVᵉ et le VIᵉ siècle, apparition des neufs signes indiens, apport du sinus en astronomie, pratique de la greffe des tissus humains.
Chine : Tsou Tch'ong-Tche mentionne la valeur de *pi*.
Occident : premiers savons. Premiers parchemins.

VIᵉ SIÈCLE

Occident : Premiers moulins à eau. Première charrue à roue.

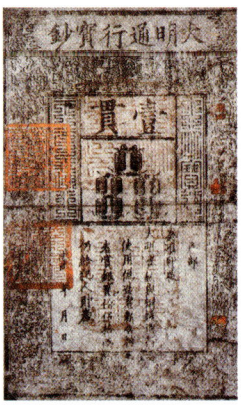

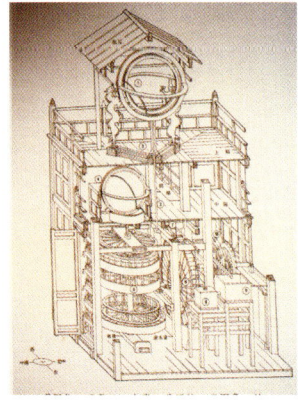

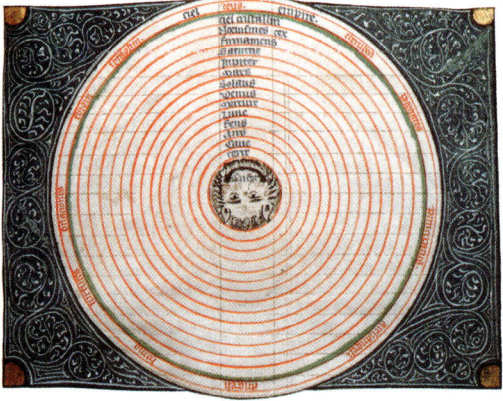

VIIᵉ SIÈCLE

Inde : Brahmagupta crée le zéro.
Chine : invention du papier-monnaie. Premiers moulins à vent.
Occident : les moines irlandais en Islande.

VIIIᵉ SIÈCLE

Chine : Yi-hing fabrique la première horloge connue (à échappement à eau). Invention de la xylographie.
Monde arabe : La recette de la fabrication du papier (connue en Chine depuis le Iᵉʳ siècle) parvient à Samarkand. Découverte de l'acide nitrique, de l'acide hydrochlorique et du nitrate d'argent.

IXᵉ SIÈCLE

Monde arabe : al-Khârizmî et l'algèbre.
Occident : Renaissance carolingienne. Jean Scot Érigène constate que les planètes tournent autour du Soleil. Le système neumatique en musique. Introduction de l'archet.

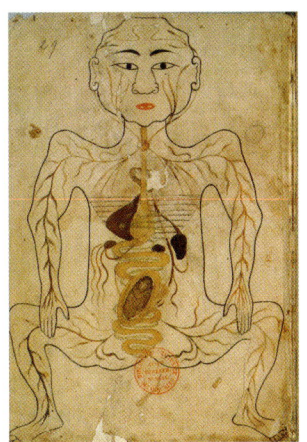

XIe SIÈCLE

Chine : Su Song crée la première horloge mécanique. Utilisation de la brosse à dents et du dentifrice. Invention de la typographie. Les Chinois voyagent en Afrique. Ils utilisent l'aiguille aimantée. La poudre est utilisée comme explosif.
Occident : Invention des notes de musique. Utilisation de la herse.

XIIe SIÈCLE

Inde : Baskara utilise la division par zéro.
Monde arabe : Géographie d'al-Idrîsî.
Occident : La recette de la fabrication du papier arrive en Europe. Premières universités. Probablement époque des premiers voyages européens en Chine.

Xe SIÈCLE

Chine : Premiers verres grossissants sur montures.
Monde arabe : al-Razi découvre la variole et la rougeole.
Occident : Les Vikings au Groenland et à Terre-Neuve. Premier parlement en Islande.

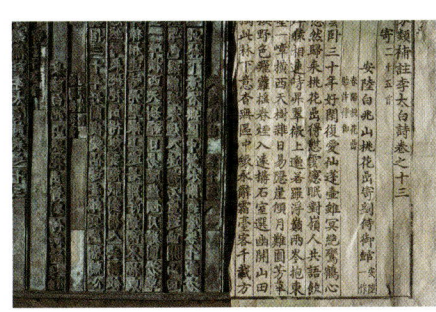

XIIIe SIÈCLE

Corée : Invention des caractères métalliques mobiles pour l'imprimerie.
Occident : Invention du rouet. Première explication scientifique du phénomène des aurores boréales. Les lunettes arrivent en Europe.

XIVe SIÈCLE

Monde arabe : Voyage d'Ibn Battuta, de l'Espagne à la Chine, de la Volga au Soudan.
Occident : La perspective moderne en peinture. Premier haut-fourneau. Les horloges mécaniques se répandent en Europe. Premières fontes de canons. Utilisation de la fourchette.

XVe SIÈCLE

Occident : Nicolas de Cusa constate le système de rotation de la Terre autour du Soleil et la pluralité des mondes. Gutenberg « découvre » à son tour l'imprimerie. Les Portugais dépassent le cap de Bonne-Espérance. Christophe Colomb « découvre » les Antilles.

BIBLIOGRAPHIE

Il faudrait un volume entier pour citer toutes les sources d'un tel ouvrage. Cette bibliographie se contente donc de citer des livres récents dans lesquels on trouvera des renseignements plus complets sur des sujets scientifiques du Moyen Âge.

al-Idrîsî, *La Première Géographie de l'Occident* (éditeurs Henri Bresc et Annliese Nef), Paris, Flammarion, « GF », 1999.

Ammar, S., *Ibn Sina (Avicenne)*, Tunisie, L'Or du temps, 2003.

Blassele, B., *Histoire du livre*, t. I, Paris, Découvertes Gallimard, 1997.

Boivin, M., *Histoire de l'Inde*, Paris, PUF, « Que sais-je ? », 1996.

Camille, M., *Le Monde gothique*, Paris, Flammarion, « Tout l'art, contexte », 1996.

Cassagnes-Brouquet, S., *La Passion du livre au Moyen Âge*, Rennes, Éditions Ouest-France, 2003.

Collectif, *L'Homme et son histoire : le Moyen Âge* (sous la direction d'Elisabetta Bovo), Paris, Gründ, 1997.

Collectif, *Dictionnaire des lettres françaises, Le Moyen Âge*, Paris, Fayard, « La Pochothèque », nouvelle édition, 1994.

Collection « Histoire générale des sciences », Paris, PUF.

Collection « Histoire générale des techniques », Paris, PUF.

Drège, J.-P., *Marco Polo et la Route de la Soie*, Paris, Découvertes Gallimard, 1989.

Gernet, J., *Le Monde chinois*, Paris, Armand Colin, « Destins du monde », 1990.

Gimpel, J., *La Révolution industrielle du Moyen Âge*, Paris, Le Seuil, « Points », 1975.

Ibn Battuta, *Voyages*, 3 vol., Paris, La Découverte/Poche, « Littérature et voyages », 1997.

Jacquart, D., *L'Épopée de la science arabe*, Paris, Gallimard, « Découvertes », 2005.

Landes, D.-S., *L'heure qu'il est. Les horloges, la mesure du temps et la formation du monde moderne*, Paris, Gallimard, 1987.

Le Goff, Jacques, *Pour un autre Moyen Âge*, Quarto Gallimard, 1999.

Merdrignac, B., **Mérienne**, P., *Le Moyen Âge dans le monde*, Atlas, Rennes, Éditions Ouest-France, 1999.

Mollat, H., *Les explorateurs du XIIIe au XVe siècle*, Paris, JC Lattès, 1984.

Moulin, L., *La vie quotidiene des religieux au Moyen Âge*, Paris, Hachette, 1978.

Polo, Marco, *Le devisement du Monde*, t. I et II, Paris, La Découverte, 2004.

Pouchelle, M.-C., *Corps et chirurgie à l'apogée du Moyen Âge*, Paris, Flammarion, 1983.

Rubrouck, G. de, *Voyage dans l'empire mongol*, Paris, Payot, 1985.

TABLE DES MATIÈRES

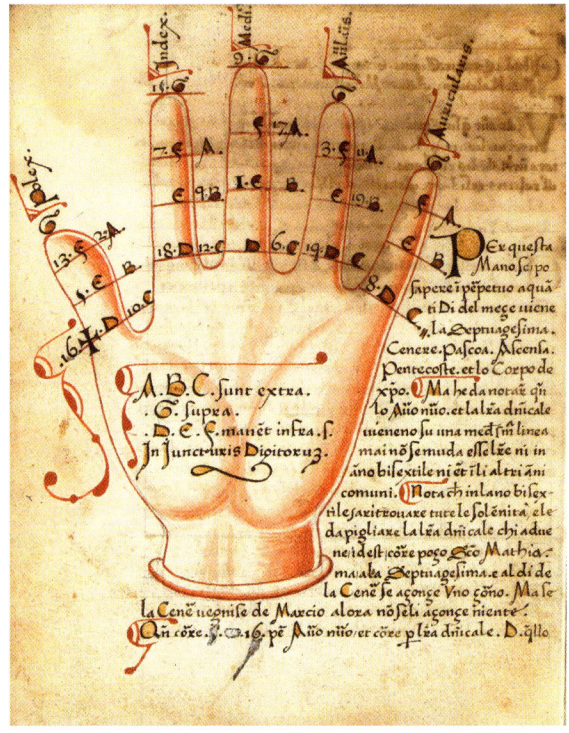

Le comput digital. La main, considérée comme le premier manuel scolaire de l'enfant. On s'en sert pour le calcul, pour connaître les dates des fêtes mobiles, pour apprendre les notes de musique. Bède le Vénérable fut l'un des premiers à avoir donné une approche scientifique à cette façon d'apprendre.
Comput digital, XVᵉ siècle.
Bibliothèque nationale de France, NAL 1090, fol. 82 v°.

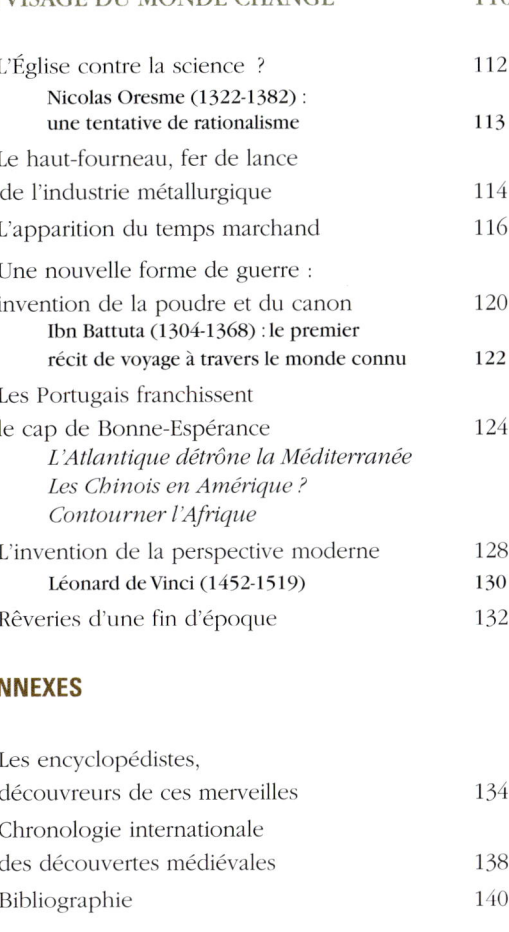

Navigation dans l'océan Indien. Si le trajet d'Occident à l'Inde se passait généralement par les voies terrestres, en revanche les voyageurs empruntaient souvent les voies maritimes pour aller de l'Inde à la Chine.
Jean de Mandeville, *Le Livre des Merveilles*, vers 1410-1412.
Bibliothèque nationale de France, Français 2810, fol. 188 v°.

Éditeur : Henri Bancaud
Coordination éditoriale : Caroline Brou
Collaboration éditoriale : Carole Huon
Conception graphique : Brigitte Racine
Photogravure : Micro Lynx, Rennes (35)
Impression : Gibert Clarey Imprimeurs, Chambray-lès-Tours (37)